JN231673

経費で落ちる領収書大全

税理士
石渡晃子 著
Ishiwata Akiko

ナツメ社

「正しい経費処理」は
事業を成功させる必須要素

　超少子高齢化などによる日本の社会構造の変化とともに、「1つの会社に定年まで勤める」という働き方も大きく変わろうとしています。このような流れの中、個人事業主として働く人は、ますます増えていくのではないでしょうか。

　　個人事業主となった経緯は、
・会社勤めをやめ、退職金を元手に新たな事業を興す人
・技術や人脈をもとに独立し、フリーランスとして活動する人
・修業を終えて、晴れて自分の店舗を開く人
・必要な資格を取得して、開業する人
・学生生活を終えて、就職せずに起業する人
・結婚を機に家庭に入り、育児が一段落したので仕事を再開する人
　　……などさまざまですが、「新たな活躍の形」として個人事業主となった方がほとんどだと思います。事業を軌道に乗せ、さらに成長させていくためには、考えなければならないこと、わからないことがたくさん出てきます。経費処理も、その1つでしょう。

　正しい経費処理のしかたを知らなければ、「本来払わなくても良いはずの税金を支払ってしまった」、あるいは「申告漏れがあって、ペナルティを受けてしまった」といったことが起こり得ます。つまり、「損」を被ったり、「罰」を受けたりすることになるわけです。
　反対に、正しい経費処理を知り、「損」や「罰」を避けることが、事業成功の第一歩とも言えるのです。

本書は、「個人事業主」だけのためにまとめた1冊です

　この本は、事業を成功させるために必要な経費処理の知識を、「個人事業主」の方向けにまとめています。

　会社という法人組織からお給料をもらう「会社員」のための本ではなく、法人組織を興した「会社経営者」のための本でもありません。

　なぜ、このような断りを最初に入れるかというと、経費に関する正しい処理のしかたが「法人なのか、個人なのか」で異なる場合がたくさんあるからです。

　本書には「会社（法人）の場合は……」という説明が出てくる箇所がいくつかありますが、それはあくまでも「『会社』と『個人事業主』を対比したほうが、個人事業主の方々がより理解しやすいのではないか」という理由からです。

素朴な疑問をすぐに解決できる保存版として

　本書は、個人事業主の方々の事業活動を、経費処理の観点から応援したくて作られた1冊です。

　『大全』というタイトルのとおり、「はじめに編」「知りたい編」の章を設け、知っておきたい基礎知識は網羅するよう努めました。

主要ページとなる「シロ・クロ編」では、仕事を受注するための接待交際の費用、スーツや靴など衣装の費用、取引先関連の冠婚葬祭の費用、通勤にかかる費用、自宅兼事務所の家賃……など事業を行う中でよく抱く「コレって経費で落とせるの?」という疑問に対して、すぐに調べて解決できるよう、見開き2ページでわかりやすく構成しています。

　また、「キーワード編」では、減価償却、源泉徴収、複式簿記といった確定申告に関わる重要ワードをわかりやすく解説しています。

　保存版の1冊として手元に置き、「この場合はどうなんだろう?」と思ったら、パッと手に取り、辞書のように引く──。

　そんな使い方をしていただけたら、著者としてうれしく思います。

税理士
石渡晃子

✏ 備品編

💻 情報収集・宣伝編

¶¶ 食事・旅行編

● 接待・人間関係編

知りたい編

解決!経費のFAQ

本書の特長

「はじめに編」「シロ・クロ編」「知りたい編」「キーワード編」の4章構成です。

はじめに編

「そもそも経費って何?」「なぜ人は経費にこだわるの?」「経費を正しく算入しないと受けるペナルティは?」「税務調査って?」「確定申告って?」など、経費に関わる基礎知識を解説しています。

知りたい編

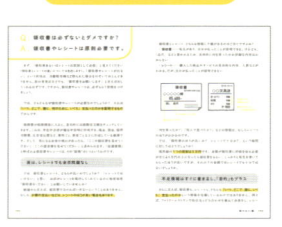

「領収書は必ずないとダメなの?」「印字が薄くなった領収書やレシートはどうすればいいの?」「領収書やレシートの保管方法は?」など、経費に関して知っておきたい知識をまとめて解説しています。

キーワード編

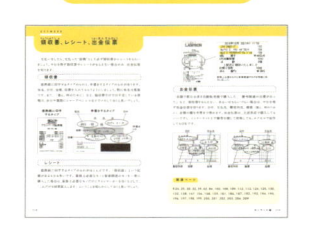

「減価償却」「按分」「所得税、住民税、個人事業税」「源泉徴収」「控除」「複式簿記」など、普段聞き慣れない言葉であるけれど、経費について語る上では欠かせないキーワードをくわしく解説しています。

シロ・クロ編

本書のメイン章です。70項目を掲載しています。「コレって経費になるの?ならないの?」と疑問が湧いたら、ここを開いてみてください。

調べたいことが掲載されているページかどうか、タイトルですぐにわかります。

シロ・クロ見出しで「経費になる・ならない」がひとめでわかります。

わかりやすいイラストで、文章の内容をさらに解説しています。

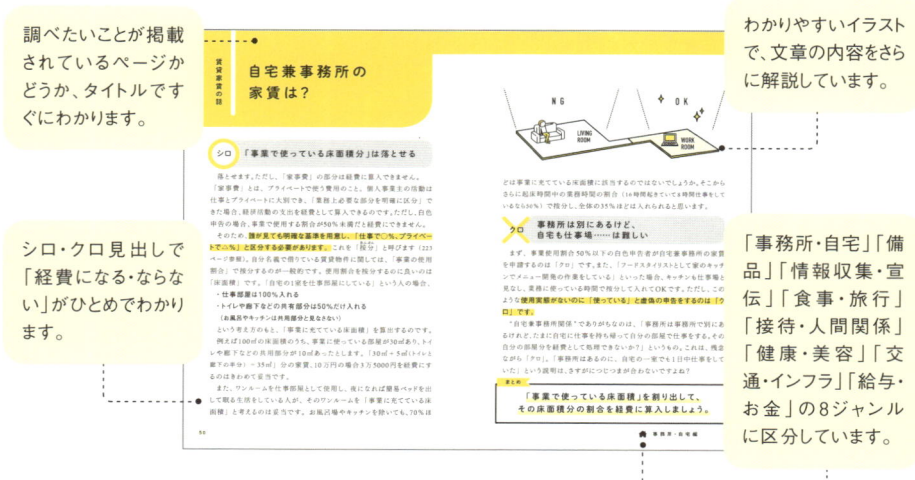

「事務所・自宅」「備品」「情報収集・宣伝」「食事・旅行」「接待・人間関係」「健康・美容」「交通・インフラ」「給与・お金」の8ジャンルに区分しています。

[注意]

「給与」は経費の1つですが、個人事業主は源泉所得税を徴収する必要があり、従業員は所得税や住民税などをたくさん払うことになります。そのため、「給与」扱いとなる経費は、注意喚起のために敢えて「クロ」で扱っています。

経費で落とすって どういうこと？

- そもそも経費って何？
- なぜ領収書は大事なの？
- 確定申告？ 税務調査？
- 接待交際費と会議費はどう違う？

経費精算をする前に最低限
知っておきたい知識をまとめました。

会社員と個人事業主の違いは何？

　まずは会社員と個人事業主の違いに関する基礎知識を押さえましょう。両者の違いを知っておくことで、これからお話しする経費の話が理解しやすくなるからです。

会社員の場合、納税作業は会社が代行してくれる

　会社員の特徴は「雇用契約に基づいて仕事をしている」という点です。

　給与や賞与は会社から支払われています。そのため、支払う側である会社の指揮監督の下で働き、会社から期待される業績をあげる必要があります。また、「何時にオフィスに出社し、何時に退社する」といった勤務時間や勤務場所の拘束を受けることになります。

　経費の精算は、会社に対して行います。例えば、取引先を訪問するために電車に乗ったとします。往復260円だった場合、その金額は「立替経費」として会社に請求し、精算することになります。その経費がいったい誰のものなのかといえば、「会社のもの」。会社員の場合、個人で負担するものはないのです。

　月々の源泉所得税の支払いや年末調整など、1年分の所得税を納める作業は、すべて会社が代行してくれています（ただし、医療費控除のある人、2000万円超の年収がある人、住宅購入1年目の人、開発特許や副業などにより年間20万円以上の雑所得がある人、2ヵ所給与があるなどは自分で確定申告を行う必要があります）。

個人事業主は納税作業を
自分で行う必要がある

　対して、個人事業主の特徴は「**自己の計算と危険において独立して業務を行い、その対価として報酬を受ける**」という点です。誰かの指揮監督に従う必要もなければ、時間・場所の拘束も基本的にはありません。つまり、非常に自由度の高い身分と言えます。

　給与は、誰かに支払われるものではなく、「自分が稼いだ分」となります。その一方、かかる経費は、すべて「自分のもの」となります。取引先を訪問するための電車賃も、メモを取るためのペンやノートの購入代も、営業所や店舗を運営するための家賃も、すべて「自分持ち」です。
　個人事業主の事業所得は、「事業所得＝収入－経費」という計算式で表せます。わかりやすい言葉で表現すれば、
「自分が全部もらえるが、自分で全部支払う」。
　それが、個人事業主だと言えます。

　それだけに、「自分で収入を集計する」「必要経費を集計する」ことで事業所得を出し、さらに株や不動産などを所有している場合はそれらの所得も計算し、自ら確定申告と呼ばれる納税までの作業を主体的に行う必要があるわけです。

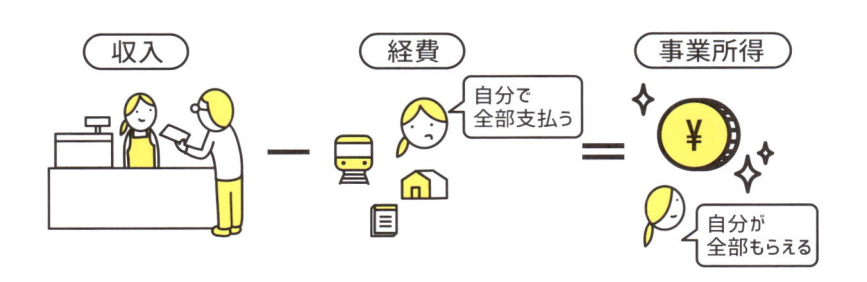

個人にお金を支払ったら、源泉徴収を行わなければならない

　ちなみに、個人事業主になると、個人の相手先に支払う際には注意が必要です。なぜなら、「源泉徴収義務者」として、いったん所得税と復興特別所得税を引いた金額を支払い、==引いた金額は支払った翌月の10日までに税務署に納めなければならないからです（これを源泉徴収制度といいます。納付書は税務署でもらえます）==。会社勤めの場合、会社の経理部がこういったことをすべてやってくれるのですが、個人事業主として独立したばかりだと、つい忘れがちなので注意が必要です。

　例えば、あなたが個人事業主の編集者として、出版社から「本を100万円＋税で編集してください」という仕事を引き受けたとします。その編集料の中から、デザイナーさんに10万円＋消費税でデザインの仕事をお願いしたとします。この場合、支払いをする際に、以下のようなステップを踏む必要があります。

　①支払の本体価格（10万円）に、10.21％（所得税10％＋復興特別所得税0.21％）を掛けて源泉徴収税額（1万210円）を計算する

　②本体価格10万円＋消費税1万円から①の源泉徴収税額を差し引いた9万9790円を、デザイナーさんに支払う

　③徴収した1万210円は、デザイナーさんに支払った月の翌月10日までに銀行などの金融機関に行き、納税地を管轄する税務署に納める

　源泉徴収税額を納めずに事業を続けてしまうと、延滞税が課せられます。開業届や給与支払届を出している場合、「事業を開始したのに税金が納められていないようですが大丈夫ですか？」という注意喚起のハガキが届きます。それで初めて気づく人も多いようです。1年目は延滞税が発生せず注意だけで終わることもありますが、すでに支払ってしまった相手に対して後になって「すみません、源泉徴収税額を引かずに支払ってしまったので返してください」というのも難しいので、過払い分を自分でかぶるしかなくなってしまいます。注意しましょう。

経費って何？
認められる基準は？

「経費、経費」と私たちは口にしていますが、そもそも「経費」とは何でしょうか？

「経費」とは、「何かをするためにかかる費用」という意味です。いわゆる**「必要経費」**というものです。「必要経費」と書くと長いため、一般的に「経費」と呼んでいるようです（本書でも「経費」で統一します）。

では、いったい何のために「必要な費用」なのでしょうか？
それは**「収入」**です。
事業で「収入」を得るために「必要」な「支出」——それが「経費」なのです。

事業で収入を得るために
必要な支出かどうか？

経費は2つに大別できます。
①**収入を得るために直接的に必要な「売上原価」**
例）材料費、加工賃、仕入原価など
②**収入を得るために間接的に必要な「販売管理費」**
例）広告宣伝費などの販売費、地代家賃や人件費などの管理費

つまり、直接的、間接的、いずれであっても、**「事業で収入を得るために必要な支出かどうか？」**が、「経費と認められるかどうか」の基準となるのです。

家賃について、取引先との接待について、電話やインターネットなどの料金について、電車やバスなどの運賃について、打ち合わせなどのカフェ代について……個々の項目については「シロ・クロ編」でくわしく後述しますが、大きな基準として ==事業で収入を得るために必要な支出かどうか?== が存在していることはまず覚えておいてください。

「経費なのか?　家事費なのか?」判断に迷うのは、この部分

　「事業で収入を得るために必要な支出」と対照的な存在として、「生活するために必要な支出」が挙げられます。

　生活するために必要な支出の代表例が「ご飯代」です。これは経費になるのかというと、基本的にはなりません。なぜなら、「生きていく上で、人は誰でもごはんを食べるから」です（ただし、ケースによっては経費となります。そのあたりをくわしく解説するのが本書の役割です）。

　==「事業で収入を得るために必要な支出」のことを「経費」== と呼びます。==そして、「生活するために必要な支出」のことを「家事費」== と呼びます。

　個人事業主の場合、特に判断に迷うのは、「この支出は事業で収入を得るために使ったお金なのか?　それとも生活のために使ったお金なのか?　どちらでもあると言えるのだけれど……」といった場合です。こ

れは、会社員には発生しない、個人事業主独自の悩みと言えるでしょう。

　具体的には、

「自宅の一部を事務所として使用している」

「妻とカフェでお茶をしながら経理の相談に乗ってもらった」

「仕事でも休暇でも1台の自動車を使っている」

　などの場合です。つまり、経費と家事費が入り混じっているような場合に迷うことが多いわけです。

　このように、一見判断に迷うケースでも、==「業務の遂行上明らかに区分できる部分」については経費として認められます。==

　例えば、「自宅の一部を事務所として使用している」場合は、「一部」の割合を数値化し、その割合分だけ経費として算入すれば良いのです。

　明らかに区分することを、専門用語で「按分」と言いますが、本書では按分のしかたにも個別具体的に詳しく触れていきます。

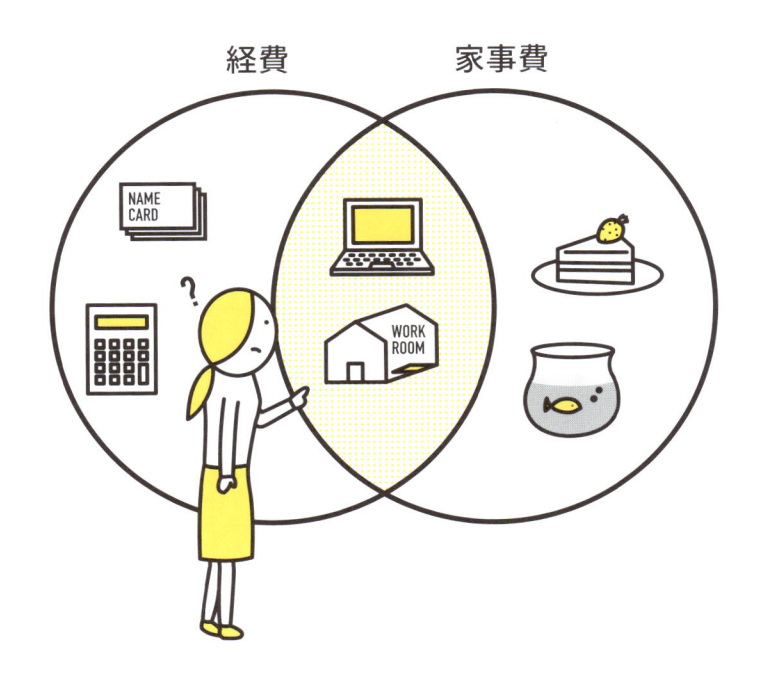

なぜ人はそこまで
経費にこだわるの?

そもそもなぜ人はそこまで「経費、経費」と言うのでしょうか?

それは、「経費が多ければ多いほど所得が少なくなり、支払う税金が少なくて済む」からです。ほぼ、これに尽きると思います。

必要な経費はきちんと算入する——これはごく当たり前のことなのですが、その当たり前の作業をすることによって、支払わなくてよい税金を払わずに済むわけです（きちんと損益や経営成績を把握するという点からも大切です）。

私たちが納めるべき「所得税」や「住民税」など。個人事業主の場合、事業所得が多いほど、納めるべき税金も多くなります。

そして、15ページでも述べたとおり、個人事業主の場合、「事業所得＝収入－経費」という計算式で表せます。

経費の金額が大きければ大きいほど、母数となる事業所得の金額は小さくなりますよね?　そのため、支払うべき所得税や住民税などの金額が少なくて済むのです。

所得税額が
大きく違ってくる

では、どのくらいの収入があると、どのくらいの所得税を納めることになるのでしょうか?　本来はもう少し複雑な計算になるのですが、読者の方々におおまかなイメージをしてもらうために、敢えてシンプルな計算式で解説したいと思います。

所得税は「所得×税率－控除額」で計算できます。「所得税の速算表」をもとに計算してみましょう。

「課税される所得金額」とは「事業所得＝収入−経費（＋他の所得）−各種所得控除額」のことです。そして、「控除額」とは「その金額は一律引いて考えてよし」という金額です。

所得税の速算表

課税される所得金額	税率	控除額
195 万円以下	5%	0 円
195 万円を超え 330 万円以下	10%	97,500 円
330 万円を超え 695 万円以下	20%	427,500 円
695 万円を超え 900 万円以下	23%	636,000 円
900 万円を超え 1,800 万円以下	33%	1,536,000 円
1,800 万円を超え 4,000 万円以下	40%	2,796,000 円
4,000 万円超	45%	4,796,000 円

〈Ⓐ課税所得が500万円だった場合〉

　課税所得が500万円だった場合の所得税は、

500万円（課税所得）×0.20%（税率）−42万7500円（控除額）=57万2500円（所得税）となります。

〈Ⓑ課税所得が490万円だった場合〉

　Ⓐに対して、仮に10万円多く経費を算入できたとするとどうなるでしょうか？

　課税所得が490万円になるので、その場合の所得税は、

490万円（課税所得）×0.20%（税率）−42万7500円（控除額）=55万2500円（所得税）となります。

　Ⓐの所得税が57万2500円、Ⓑの所得税が55万2500円。10万円を経費算入するかどうかで所得税の金額が2万円も変わってくるのです。

　この差は、経費算入できる金額が大きくなるほど、また所得税の税率が大きくなるほど、変わってきます。

参考までに「30万円の経費を算入する・しないで、どこまで所得税額が変わるか」の表を作成し、掲載しておきます。これだけ差があるのであれば、認められる経費を正しく算入したいと誰でも思うのではないでしょうか？

30万円の経費を算入する・しないで生じる金額差

課税される所得金額	税率	生じる金額差
100 万円の場合	5%	1 万 5000 円
300 万円の場合	10%	3 万円
500 万円の場合	20%	6 万円
800 万円の場合	23%	6 万 9000 円
1500 万円の場合	33%	9 万 9000 円
3000 万円の場合	40%	12 万円
4000 万円の場合	45%	13 万 5000 円

住民税額も違ってくる

　金額が変わってくるのは、所得税だけではありません。住民税の金額も、課税所得に応じて変わってきます。

　住民税の税額は一律10％です。したがって、「10万円の経費算入をすると、住民税額が1万円下がる」ということです。

　その他にも都道府県へ「個人事業税」という税金を収める場合があります。税率は3〜5％ですが、こちらも課税所得の額によって納税額が変わってきます。

10万円の経費算入するかしないかで……

　つまり、所得税率20％の課税所得（330万円を超え 695万円以下）の人は、10万円の経費算入をするかしないかで、所得税（2万円）と住民税

　経費の算入によって所得が少なくなり、支払う税金が少なくて済みます。だからこそ、人は「経費」にこだわるのです。「収入を増やす」ということと同じように「経費を算入して税額を減らす」ことの重要性や効果がわかっているからです。

「自分が全部もらえるが、自分で全部支払う」という"リターンもリスクもすべて自分持ち"の個人事業主であれば、なおさらです。

　個人事業主になると、「収入を増やして3万円のお金を手元に残す」ということの大変さが身に染みてよくわかります。単に3万円のお金を稼げばよいのではなく、「最終利益として3万円が手元に残る金額」を稼がなければならないからです。

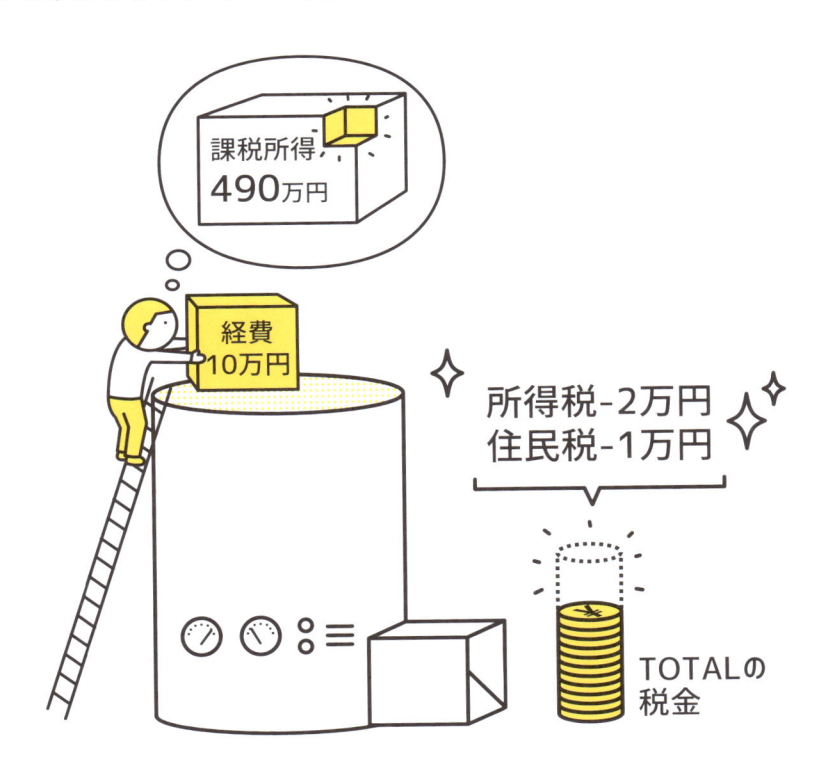

領収書って
そんなに大事なの？

　経費を算入する上で、大事なのが「領収書」です。なぜなら ==「証拠が存在しない支払いは、経費に算入できない」== からです。

　領収書は、「証憑書類」の1つです。証憑書類とは、取引の証拠となる書類のこと。契約書、見積書、納品書なども、証憑書類に該当します。

　証拠である領収書が不要でOKならば、「ボールペンを買いました」「定期券を購入しました」と勝手に経費に算入できてしまいます。

　領収書は、「こういう目的のために、いつ、どこで、誰に、いくら支払いました」という証拠として必要なのです。

　どこの誰に払ったのかわからない経費を算入していると、その経費性を否認され、追徴課税など税務上のペナルティを受けることになります。

領収書でなくてもOK
支払ったという証拠が大事

　ただし、「支払いをしたら常に領収書が必要なのか？」と言えば、そうではありません。大事なのは、「領収書を残すこと」ではなく ==「支払ったという証拠を残すこと」== です。そういう意味では、領収書ではなく、レシートでも良いのです。なぜなら、レシートも証憑書類の1つだからです。

　どんな場合に領収書をもらうと良く、どんな場合にレシートをもらうと良いのか？　そのあたりは192〜194ページにくわしく書いていますが、小さな支払いであれば、基本は領収書ではなくレシートで大丈夫です。

　「支払った証拠＝領収書」と思い込んでいると、コンビニでちょっとした買い物をしてもいちいち「すみません、レシートではなく領収書をください」とお願いしてしまいそうですが、そこまでする必要はないのです。

領収書やレシートを
もらえないorもらいにくい場合は?

　自動販売機でジュースを購入したときなど、支払い時に領収書やレシートをもらえない場合もありますよね。ネットオークションなどで個人からモノを購入したときも領収書が出ないことがあります。

　あるいは、領収書やレシートをもらいにくい場合もあります。結婚式の披露宴でご祝儀を渡したときや、お通夜・告別式に参列し香典を渡したときなどです。

　こういった、領収書やレシートを「もらえない」あるいは「もらいにくい」場合は、出金伝票を作成し、「こういう目的のために、いつ、どこで、誰に、いくら支払いました」という証拠を残しておきます。出金伝票については218〜219ページなどで解説していますが、やむを得ず領収書やレシートという証拠が存在しない場合は、自分自身でひと手間かけて証拠を残しておく必要があるわけです。

　ただし、出金伝票は領収書やレシートよりも"弱い証拠"なので、例えば披露宴のご祝儀であれば「披露宴の招待状を併せて保管しておく」など、他にも説明できる材料をそろえておくことをオススメします。

経費を上手に落とす "コツ"とは？

さまざまな書籍や雑誌でよく「経費にするためのコツ」「節税のための上手なコツ」といった表現を目にします。

けれども、私はこの「コツ」という表現がしっくりきません。なぜなら、節税のコツは特にないからです。

コツがあるのではなく、

「正しい知識のもと、漏れなく算入し、申告する」

↓

「その結果として、支払う税額が少なくて済む」

という表現のほうがしっくりくるのです。

「漏れなく算入する」というところが大きなポイントです。

「これは経費にできるのでは？」と考える

基本的な考え方としては、

「これは経費として認められてもよいのではないか？」

「全額とはいわないけれども、一部は経費として認められても良いのではないか？」

と考えることです。

例えば、**接待交際**に関する費用。「取引先になってほしくてゴルフをし、こちらがプレイ代を負担したが、結果として取引には結びつかなかった」とします。生真面目な人は、「結果に結びつかなかったのだから、経費にはできないんじゃないか」と考えてしまいそうですが、そんなことはないのです。たとえ結果に結びつかなかったとしても、接待交際費として

認められます。

あるいは、**研究開発**に関する費用。「飲食コンサルタントとして新規事業を始めたいので、人気の飲食店を食べ歩いて研究している」とします。ここでも生真面目な人は、「まだ研究段階だから……」と躊躇してしまいそうですが、将来の事業への投資なのですから、研究開発費として認められます。

つまり、==税法は基本的に「ビジネスの成長や拡大を後押ししてくれている」==と考えてよいわけです。

「ただし」という注釈は、当然ながらつきます。

まず、あくまでも「事業で収入を得るために使ったお金なのかどうか？」が「経費と認められるかどうか」の基準となるわけですから、「現在の事業とはまったく関係がなく、将来的にも検討していない事業分野の備品をたくさん購入した」等の場合は論外となります。

また、==事業に対する真剣さもチェックされてしまいます。==単に自分がゴルフをしたいために、接待交際を大義名分にして本当はプライベートであるゴルフ代まで算入することはできません。飲食コンサルタントの事業をスタートさせず、2年も3年も食べ歩いていれば、「さすがに研究開発期間が長すぎるのでは？」と問題視されるでしょう。このあたりは注意が必要です。

経費を正しく算入しないと
科されるペナルティとは？

　では、「もっと稼いでいるはずなのに、税金の申告額が少ない」「完全にプライベートな目的で買ったものを経費として算入している」など、正しく確定申告をしないと、どのようなことが起こるのでしょうか？

税務署が「不自然な申告だ」と感じた場合、税務調査が入ることがあります。そして、「本来納めるべき税額をきちんと納めていない」と判断されると、さまざまなペナルティを科されることになります。

①過少申告加算税〜少ない額で申告した場合〜

　本来の税額よりも少ない額で申告した場合のペナルティです。「本来の税額−申告額＝未納分」に10％（50万円超部分は15％）を加算した金額を支払わなくてはいけません。

②無申告加算税〜申告していなかった場合〜

　申告すべき税額があるにもかかわらず、申告・納税していなかった場合のペナルティです。納付すべき税額に15％（50万円超部分は20％）を加算した金額を支払わなくてはいけません。

③不納付加算税〜源泉徴収義務を怠った場合〜

　あなたが、法人ではなく個人に対して報酬を支払う場合、その支払いの都度、支払金額に応じた所得税および復興特別所得税を差し引く必要があります。そして、支払の翌月10日までに金融機関などでその金額を納付する義務があります。このような義務を負う、支払う側のことを「源泉徴収義務者」と呼びます。

　差し引き金額は、報酬の本体価格の10.21％（所得税10％、復興特別所得税0.21％）です。例えば、あなたがあるデザイナーさんに「10万円＋

消費税」の金額でデザインを依頼したとします。その場合、デザイナーさんに振り込む金額は、「10万円から1万210円（10万円の10.21％）を引いた8万9790円」＋「10万円に対する消費税」となります（消費税が区分記載されていれば、源泉徴収税の計算に含めなくてOKです）。

「自分も個人事業主で、相手も同じ個人事業主。対等な立場なのに、支払う側が相手の報酬から所得税および復興特別所得税を差し引いて、わざわざ銀行に納めに行かなければならないの？」と思う人もいるかもしれませんね。その気持ちはよくわかりますが、仕方のないことだと理解してください。

さて、本題の不納付加算税について。これは、源泉徴収義務者であるにもかかわらず、源泉徴収税額を法定納期限までに完納しない場合に科されるペナルティです。未納分に10％を加算した金額を支払わなくてはいけません。

④重加算税〜偽装や隠蔽を行った場合〜

証憑書類の改ざんや、二重帳簿の作成などの偽装・隠蔽を行った場合のペナルティです。非常に悪質だと判断され、重いペナルティが科されます。

過少申告加算税に代えて、未納分に重加算税35％が加算されます。無申告加算税に代えて、未納分に重加算税40％が加算されます。

なお、①〜③については、自主的に納付（税務調査が入る前など）した場合、税率が低くなります。

また、いずれの場合も法定納期限を過ぎた分、延滞税がかかります（2月経過までは原則7.3％［平成30年は2.6％］、2月経過分は原則14.6％［平成30年は8.9％］）。

税務調査って
何をされるの？

　税理士に確定申告業務をお願いしている場合は税理士にまず電話がいきます（「税務代理権限書」を提出しているため）。そこで、「○○さんのところに、いついつ税務調査に入りたいのですがよろしいでしょうか？」と聞かれます。税理士にお願いしていない場合は、個人事業主本人に電話がかかってきます。

　事業規模や業種によっても違いますが、「数週間後の日時を指定され、過去3年分の申告の内容に関して、2日間で調べられる」ことが多いです。ただし、日時は「今忙しいので少し延ばしてほしい」「1日で何とか終わらせてもらえないか」などの相談には応じてもらえます。また、こちらが日頃から請求書や領収書などをきちんと整理し、帳簿をつけておけば調査期間は短くなりますが、「宛名のない領収書がたくさん出てきた」「出金伝票ばかりで証憑書類があまりない」などずさんな管理をしていれば、「これは何ですか？」と聞かれることが多くなるので長くなります。

どんなときに
税務調査に入られる？

　すべての個人事業主や企業が、税務調査の対象になるわけではありません。「単なる定期巡回として選ばれた」という場合もあるので、すべてがそうとは言えませんが、下記の①〜④のときに税務調査に入られる傾向が高いようです。

　①創業して5年、消費税の課税事業者になってから3年が経ち、6年目

に入ったとき……「課税事業者になって3年経ちましたので、3年目から5年目の帳簿を見せてください」と言われる

②急激に何かが動いたとき……「急に売上が伸びた」「急に売上が減った」「急に経費が多くなった」という場合に、「何かありました？」という感じで「帳簿を見せてください」と言われる

③業種・業界の平均から外れたとき……「同業種・同規模のところに比べて経費率などが高くないか？」と思われると、「なぜですか？」といった感じで「帳簿を見せてください」と言われる

④業界が盛り上がりを見せているとき……現在のIT業界など、その時代の成長産業は「帳簿を見せてください」と言われる傾向がある

③について少し捕捉しておきます。数多くの個人事業主や企業の事業実態を知り尽くしている税務署ですから、「ビッグデータ」を持っていると考えるのが自然です。そのビッグデータでは、「この業種でこの事業規模なら接待交際費はこれくらいだろう」「この業種でこの事業規模なら、この金額の売上を上げるには経費がこれくらい必要だろう」といった平均値をおそらく持っているでしょう。そういった平均値から突き抜けると目立ちますから、税務調査に入られる場合があるのです。

ですから、もしもこちらで「取引先の契約終了がたくさんあった」「社員がやめて売上の規模を縮小したため売上が減った」など、急激な変化の理由が明らかな場合は、確定申告の提出書類の中に「本年中における特殊事情」という欄があるので、理由を記載しておくと良いでしょう。

「経費としては認められない」となった場合は？

税務調査の場所は、基本的には個人事業主のオフィスですが、会話が筒抜けになる、書類を広げるスペースがないなど、特別の事情がある場合は税理士事務所などで行うこともあります。

税務調査では、基本的には総勘定元帳（192ページ参照）を見られ、

気になる箇所があれば、請求書や領収書など個別具体的な証憑書類を見られます。「ここの領収書を見せてもらえますか？」などと言われ、該当書類を見せていきます。また、もしも「誰と食べた飲食費なのか？」などが領収書やレシートにメモされておらず、わからない場合、「これは誰との飲食費ですか？　どんな目的で行きましたか？　過去の手帳をあたって教えてくれませんか？」などと言われます。正直、3年も前に「誰とどんな目的で会食したか？」などは覚えていないですよね。ですから、こまめに、できれば毎日領収書やレシートを整理し、「誰と、どんな目的で」といった、==領収書やレシートに記載されていない情報は余白などにメモしておくほうが良いのです。==

　税務調査により、「これは経費としては認められません（否認）」といったものが出てくると、その分所得が増えて税額も増えますので、その差額を支払うことになります（修正申告）。「税務調査に入られるとお金を持っていかれる」というイメージを抱いている人も多いようですが、還付される場合もあります。例えば、「本来なら課税仕入れになるのに、間違えて非課税仕入れにした」という場合は、払いすぎた消費税が戻ってくるのです。

　税務調査は、手間と時間のかかる面倒なものではありますが、決して怖いものではありません。==日頃から請求書や領収書をきちんと管理しておくことが、いちばんの備えになります。==「売上が上昇したため税務調査に入られた。いろいろ調べられたけれど、特に何も修正する必要がなかった」というのが、1つの理想型ではないでしょうか。

これは経費？

確定申告って何？①
青色申告と白色申告の違い

確定申告とは、<mark>所得とそれにかかる税金（所得税および復興特別所得税）の額を計算し、税務署へ報告および税金を支払う手続き</mark>のことです。

会社員の場合、ほとんどは雇用する会社が年末調整に税額の計算と納付を代行してくれています（ただし、医療費控除のある人、2000万円超の年収がある人、住宅購入1年目の人、他の所得がある人などは自分で確定申告を行う必要があります）。「自分が全部もらえるが、自分で全部支払う」という"リターンもリスクもすべて自分持ち"の個人事業主になると、自ら確定申告を行わなければなりません。

そこで、確定申告の手順などについて触れておきます。

青色申告か？
白色申告か？

確定申告の方法としては、「青色申告」と「白色申告」があります。2つの申告方法の違いを端的に表せば、

<mark>・青色申告……さまざまな特典があるが、帳簿作りが大変</mark>
<mark>・白色申告……帳簿作りが楽だが、特典が少ない</mark>

ということになります。まずは、青色申告の特典から具体的に見ていきましょう。

青色申告ならではの
特典が主に7つある

青色申告の特典には、主に以下の7つが挙げられます。

①最大65万円までの特別控除がある

正規の簿記の原則である「複式簿記」（複式簿記、単式簿記については236～237ページ参照）に基づいて帳簿を作ると、所得金額から最大65万円を控除できます。ただし、事業所得の金額が65万円に満たない場合、例えば30万円だった場合は30万円の控除となります。

②赤字を全額3年繰り越せる

純損失、いわゆる赤字を3年繰り越せます。1年目に50万円の赤字、2年目に30万円の赤字、3年目に20万円の赤字（3年間で計100万円）だったとします。そして、やっと4年目に純利益、いわゆる黒字が100万円出たとします。4年目だけを見れば100万円の純利益が出ているのですから、それに応じた所得税を支払う必要があります。けれども、それまでの3年間の赤字100万円を差し引き、所得ゼロとすることができ、所得税を支払わずに済むのです。

白色申告の場合は、純損失のうち「変動所得の損失の金額」と「被災事業用資産の損失の金額」のみ3年繰り越せます。

③専従者給与を全額経費に算入できる

事業を手伝ってくれる家族が次のような条件を満たした場合、「青色事業専従者」と呼ばれ、給与を経費とすることができます。

1）青色申告者と生計を一にしている（同じ家に住んでいる、または別居であっても生活費が一緒）配偶者その他親族であること
2）その年の12月31日時点で年齢が15歳以上であること
3）その年を通じて6ヵ月を超える期間（年の中途から開業した場合などは半分を超える期間）、その事業にもっぱら従事していること

あらかじめ税務署に書類を作成し提出する必要はあるものの、認められると非常に大きな特典となります。専従者に支払う給与のことを「青色事業専従者給与」といい、本来は経費とはできない配偶者などへの給与を全額経費に算入できるからです（労働に対して対価を支払うことは、本来なら当然のことなのですが）。

例えば、経理を見てくれている妻に月額20万円の給与を支給した場合、240万円全額が経費算入できるのです。ただし、「一般的に見て給与額が妥当な金額であるか」は問われます。また、配偶者控除は受けられなくなることも覚えておきましょう。

白色申告の場合、最大86万円までしか控除が受けられないので、「家族にも労働に見合ったお給料を渡したい」という場合は、青色申告がオススメです。

④少額減価償却資産を最大30万円まで一括経費算入できる

固定資産にかかる経費を何年かにわたり均等に分けて算入することを「減価償却」と呼びます。「何年で割るか？」ということについては、「法定耐用年数」によって定められています。「接客用の応接セットは5年」「一般乗用車は6年」「パソコンは4年」といった具合です。通常の計算であれば、240万円の一般乗用車を購入した場合、1年で認められる経費は40万円となり、10万円のパソコンを購入した場合、1年で認められる経費は2万5000円となります。

ところが、青色申告をする場合、30万円未満の固定資産なら購入年に全額経費に算入できます。例えば、10万円のパソコンや25万円の応接セットを購入した場合、年間合計300万円まではそれらをこの1年で償却できるのです。ちなみに定められた償却期間で支払うことも可能なので、どちらかを自由に選択することができます。

⑤貸倒引当金を年末残高の5.5%まで算入できる

貸し倒れとは、取引先の倒産などの理由で債権（売掛金や受取手形など）を回収できなくなることです。その際生じる損失を、貸倒損失と呼びます。

貸倒引当金は、「万が一貸し倒れが起こった場合、未回収になる可能性のある金額はいくらか？」を算入した金額のことです。

例えば、A社に100万円、B社に70万円、C社に30万円の売掛金がある場合、A、B、C社の経営状態に関係なく、貸倒引当金の対象となる債

権は「200万円」になります。青色申告の場合、12月31日時点での売掛金などの残高の5.5％を経費算入できます。12月31日の時点で売掛金が200万円の場合、「200万円×5.5％＝11万円」を算入できるのです。債権が貸し倒れとならなかった場合、貸倒引当金の5.5％は翌年の収入（貸倒引当金戻入）という形で相殺されますが、青色申告ならではの特典と言えるでしょう。

⑥推計課税されない

大ざっぱな経営や怪しい経営をしていると、税務署が目をつけ、「実態を調査したい」と乗り込んできて、税務調査をされる場合があります。その際、帳簿書類を作成しておらず、売上や所得の実態がわからない場合、税務署は、売上や所得を把握できません。すると税務署は、その人の財産や債務の増減、販売量、従業員その他規模（近隣の同規模同業者の利益率も参照されているでしょう）などをもとに「だいたいこれくらいなのではないか？」と推計して税額を決定することができます。そして、その推計額に対して課税を行ってくるのです。これを推計課税と呼びます。

推計課税の場合、"厳しめ"の判断をされることが多いので、個人事業主にとって何も良いことはありません。青色申告をしておけば推計課税の対象から除かれるので安心です。

⑦自宅兼オフィスの場合、家賃や光熱費の一部を経費にしやすい

「自宅の一部をオフィスとして活用している」という人は、青色申告であれば、家賃や光熱費の一部を経費として課税所得から差し引くことができます。例えば、月額家賃15万円の賃貸マンションに住み、約5分の1の面積をオフィススペースに充てている場合、月額3万円は妥当額として経費算入できます。年間にすると家賃だけで36万円も経費にできるのですから、大きな特典と言えるでしょう。白色申告の場合、事業で使用する割合が50％未満だと経費にできません。

青色申告ならではの大変さも

一方で、青色申告ならではの大変さもあります。

❶複式簿記で記帳しなければならない

簿記には「単式簿記」と「複式簿記」の2種類があります。

単式簿記は、わかりやすく言えば「おこづかい帳」や「家計簿」のこと。「9月30日 支出 電気代 5,000円」「10月15日 収入 商品売上 10,000円」といったことを記載するだけ。あくまでも入出金だけを把握するための、非常に簡単な記帳形式です。

一方、複式簿記は、「取引の結果として財政状態がどのように変化したのか？」を表すための記帳形式なので少し複雑になります。左側を「借方」、右側を「貸方」と呼び、9月30日の電気代の支出を例にすれば、借方に「水道光熱費 5,000円」、貸方に「現金 5,000円」と記します。これにより、資産、負債、純資産、収益、費用の5つの状態がわかるようになりますが、単式簿記と比べると記帳形式はかなり複雑です。

❷申告書に添付する書類が増える

白色申告の場合は「収支内訳書」で事業所得にかかる収入、費用を報告しますが、青色申告の場合は「損益計算書」で事業所得にかかる収入、費用を報告するとともに「貸借対照表」で事業にかかる財産の一覧も報告する必要があります。

❸申告承認申請書の提出が必要

開業1年目から青色申告を始めたい場合、開業2ヵ月以内に「所得税の青色申告承認申請書」を税務署へ提出する必要があります。

また、開業後に白色申告から青色申告に切り替える場合は、「所得税の青色申告承認申請書」を、青色申告をしたい年の3月15日までに提出する必要があります。

青色申告にすべきか？
白色申告にすべきか？

　記帳の大変さはあるものの、その大変さを上回るほど多くの特典が青色申告にはあります。

　「青色申告にすべきか？　白色申告にすべきか？」という相談を受けた場合、私は次のように答えています。

お客さんが特定かつ少数で経費も限られるなら……
→白色申告

　例えば、「会社員時代に勤めていたIT会社と退職後も業務委託契約を結び、自宅で、1人でプログラム作成の仕事をしている。基本的には自宅でのデスクワークなので経費も家賃と光熱費くらい」などという場合は、お金の出入りがシンプルなので、単式簿記での管理で十分です。今後も同じような仕事のやり方であるのなら、白色申告をすすめます。

事業が拡大する可能性があるなら……
→プロの手を借りつつ青色申告

　今後お客さんが増える可能性がある、家族が事業に加わる可能性がある、経費も多岐にわたる可能性がある……といった場合、さまざまな特典を考えると、開業1年目から青色申告をしたほうが良いと思います。

　帳簿作りの大変さを理由に青色申告をためらう人がいるかもしれませんが、その場合は、プロである税理士に確定申告作業の代行を依頼することをオススメします。代行料は税理士によってさまざまですが、10万〜20万円ほどで代行しているところが多いようです（経理代行除く）。代行料は、青色申告のさまざまな特典でカバーできる金額だと思いますので、検討してみると良いでしょう。

確定申告って何？②
申告手続の流れ

　確定申告の手続きの流れに関しては、国税庁のHPに詳しく掲載されています（「国税庁　確定申告書等作成コーナー」で検索）。そのページを参考におおまかな流れを解説しつつ、①〜⑦の各プロセスの中で、付け加えておきたいポイントを紹介していきます。

申告手続の流れ

　申告手続の流れは以下のようになります。

申告手続の流れ

①	確定申告に必要な書類を準備する	・給与所得や公的年金等の源泉徴収票（原本） ・私的年金等を受けている場合には支払金額などが分かるもの ・医療費の領収書等、社会保険料（国民年金保険料）控除証明書、生命保険料の控除証明書、地震保険料（旧長期損害保険料）の控除証明書、寄附金の受領証など
②	申告書を準備する	・確定申告書は、「A」と「B」の2種類（事業所得の場合は「B」） ・第一表と第二表がある
③	付表と計算書等を準備、作成する	・収支内訳書（青色申告の場合は青色申告決算書）、医療控除の明細書、寄附金特別控除額の計算明細書など
④	申告書を作成する	・所得金額、所得控除、税額控除、税金の計算をして記入し、第一表を完成させる ・住民税に関する事項を記入し、第二表を完成させる
⑤	提出する書類を確認する	・申告書のほか、申告する内容により源泉徴収票などを申告書に添付又は提示する必要がある
⑥	申告書を提出する	・3月15日までに書類を提出する
⑦	納税する又は還付を受ける	・現金の場合、3月15日までに納付 ・口座振替の場合、4月中旬に引き落とし

① 「確定申告に必要な書類を準備する」について
〜支払調書はなくても大丈夫〜

フリーランスの人には、源泉徴収義務者から「支払調書」という書類が年明けに届くと思います。「あなたにはいくら払いました、そして源泉徴収税はいくらです」というものです。たくさんの取引先を相手に仕事をしていると支払調書も膨大になりますが、支払調書がないと確定申告できないのでしょうか？　結論から言えば「支払調書はなくても大丈夫」です。もちろんあるに越したことはないのですが、もしもいくつかの支払調書が手に入らなくても、「いくらの仕事をして、いくら源泉を引かれて振り込まれた」ということをこちらがしっかり把握していればOKです。

② 「申告書を準備する」〜④「申告書を作成する」について
〜青色は複式簿記で管理する必要がある〜

白色申告でも青色申告でも、事業所得がある人は「B」を使います。白色申告の場合はまず収支内訳書を作成、青色申告の場合はまず青色申告決算書を作成した後、申告書を作成します。

申告が簡易な白の場合は、単式簿記などで収入と経費を管理しておけば書類に記入できます。「いくら売れた、いくら払った」といった、収入と経費だけを記録しておけばOKなので、エクセルソフトで自己管理すれば十分です。

ところが、貸借対照表も必要となる青の場合は、複式簿記という方式で管理する必要があります。借方と貸方に分かれていて、何の目的でどこにお金が動いたか、それによって現状の資産と負債と元入金の状態はどうなっているか、勘定科目ごとのプラスマイナスはどうなっているか……がわかる方式なのですが、簿記を習っていないと作業が難しいのです。

これをサポートしてくれるのが、会計ソフトです。「freee」「弥生会計」「マネーフォワード」などの有料（一部無料）ソフトが出ており、これらは「どこにどんな内容を入力すれば良いか？」がわかりやすく、また入力データを自動集計して申告時に必要なさまざまな書類を作成しやすく

なっています。「経理作業、そして確定申告の手続きをできるだけ簡略化したい」と考えているならば、<mark>ソフトの購入代数万円程度は十分に元の取れる投資だと思いますので、会計ソフトの導入をオススメします。</mark>

　また、確定申告作業の代行を税理士に依頼することも可能です。「どの税理士にお願いするのか？」「どのプロセスからお願いするのか？」などによって金額は変わってきますので、詳細についてはＨＰで検索したり、気軽に問い合わせたりしてみてください。

⑤「提出する書類を確認する」〜⑥「申告書を提出する」について
〜オススメは当日消印有効な郵送〜

　住民票の住所がある場所（住所地）か、住民票の住所ではないが住んでいる場所（居所地）か、事務所のある場所（事業所等）か、どこの税務署に申告納税するかは開業届を出す際に自分で選べますし、変更の届出を行えば変更することもできます。

　確定申告は、3月15日までに行いましょう。期日を過ぎて提出した場合、申告するのを忘れてしまった場合は、無申告加算税や延滞税を取られることになります。また、青色申告のメリットも受けられません。税理士に確定申告を依頼する場合、申告期限ギリギリの場合、他の依頼者からの作業に追われて受け付けてくれないことがあります。年明けまでには必要書類をそろえて依頼すること。そうすれば税理士側にも余裕があるからです。

　確定申告書を提出する方法は3つあります。

　1）窓口に出す……窓口が開いていない時間は税務署にあるポストに入れられます。

　2）電子申告する……添付しないでよい書類が一部あるのは便利なのですが、ＩＣカードリーダー（5000円程度）と、ＩＣ付きのマイナンバーカードを準備して手続きをする必要があります。

　3）郵送する……当日消印有効なので、3月15日に郵便局に持っていっても大丈夫です。普通郵便で送っても良いのですが、万が一紛失し

てもわからないので、追跡ができる「特定記録郵便」で出すことをオススメします。窓口で「特定記録で」と伝えるだけでOKです。税務署から「申告を受理した」という押印のある控えをもらいたい場合は、控え用の申告書とともに、切手を貼って返信先を記載した封筒を同封しておきましょう。

　<mark>私がいちばんオススメしたいのは、3）の郵送です。</mark>1）の窓口提出は「書類を出した」という充実感には浸れますが、期日直前になると大変混雑して時間がもったいないですよね。なお、確定申告書は法律上「信書」にあたるので、宅配便では送ることができません。注意してください。

⑦「納税する又は還付を受ける」について
〜所得税は3月15日、消費税は3月31日〜
〈所得税〉

　確定申告書を作成することで、自分自身が納めなくてはならない所得税が確定します。現金での納税か、振替納税かを選びます（実は電子納税もあるのですが、方法が難しいのでオススメできません）。インターネットサイトへのアクセスが必要ですが、クレジットカードで納付という方法もあります。

　現金の場合、納付期限は3月15日です。納付場所は、税務署、金融機関で行えます（条件付きでコンビニでもOK）。

　<mark>税務署に確定申告書を提出する人は、あわせて所得税を支払ってしまうと良いでしょう。</mark>郵送をした場合は、銀行や信用金庫などで納付する方法もあります。納付書は事前に郵送で送られてきますが、紛失してしまった場合などは税務署（どこの税務署でもOK）に用意してある納付書を使用します。コンビニでの納付も可能なのですが、税務署に申告書を提出する際に、コンビニ納付の希望を伝え、コンビニ専用の納付書を発行してもらわなければいけません。また、納付額が30万円以下の場合に限ります。

　振替納税の場合、3月15日までに「預貯金口座振替依頼書兼納付書

送付依頼書」を税務署などに提出する必要があります。この手続きを行うと、引き落としが4月中旬〜下旬となり、納付期限が約1ヵ月延びることになります。

〈消費税〉

　課税事業者になると、消費税を納付する必要が出てきます。こちらも、所得税と同じように、税務署、金融機関、コンビニから納付場所を選択できますし、支払いに関する方法も同じです。確定申告時に「預貯金口座振替依頼書兼納付書送付依頼書」を税務署に提出しておけば、振替納税にできます。すると、引き落としが4月中旬〜下旬となり、納付期限が約1ヵ月延びます。

〈住民税〉

　6月上旬〜中旬頃に住民税の通知が地方自治体から送られてきます。その内容に基づいて、役所、金融機関、コンビニのいずれかで納付します。

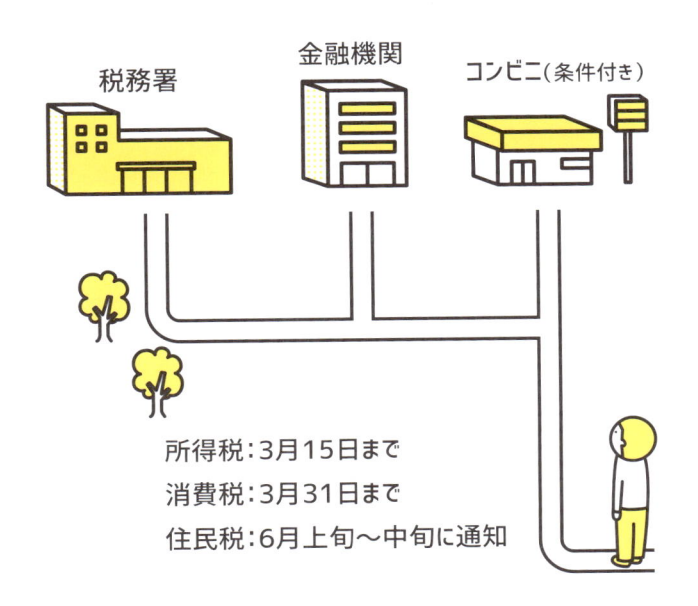

税務署　金融機関　コンビニ（条件付き）

所得税：3月15日まで
消費税：3月31日まで
住民税：6月上旬〜中旬に通知

「〜費」と呼ばれる勘定科目とは?

接待交際費、旅費交通費、販売促進費、消耗品費……これから本書の中で「〜費」と呼ばれるものがたくさん出てきます。これらを総称して**「勘定科目」**と呼びます。

確定申告時の提出書類である「所得税青色申告決算書」には、下記のように「経費」の欄に勘定科目が記載されています（勘定科目の詳細は47ページに記載しています）。さまざまな会計ソフトが出ていますが、多少の文言の違いはあれど、基本的にはこの勘定科目に準じています。ですから、日々の経費処理を行う際は、この勘定科目に従って整理をすると良いでしょう。

所得税青色申告決算書。「経費」の欄に勘定科目が記載されている。

勘定科目について覚えておきたい3つのこと

ただし、次の3つに関しては、ぜひ覚えておいてください。

1）勘定科目は増やせる

表にある勘定科目以外にも、自分の事業について==「これは1つの勘定科目として独立させたいな」というものは、新たに作成して良いのです。==

実際に、「所得税青色申告決算書」の経費記載部分には、6つの空欄があります。これは「必要に応じて科目を増やしてよいですよ」ということを示しているのです。パソコンに例えるならば、整理上必要とあれば「新しいフォルダ」を自分で作って良いというイメージでしょうか。

たとえば、「新聞図書費」は、勘定科目の一覧には存在していません。どこかに当てはめるならば、「消耗品費」が妥当でしょう。けれども、もしもあなたが出版関係に従事し、「書籍や雑誌は資料としてたくさん購入するので、他の消耗品とひとくくりにせず、独立した科目として扱いたい」と思ったら、「新聞図書費」の科目を新たに設ければいいのです。

「会議費」も勘定科目の一覧には存在していません。1人5000円以下の飲食費を「会議費」とし、「接待交際費」と分けるというのは、あくまでも接待交際費に上限が設けられている法人のため。接待交際費に上限がない個人事業主には関係がないのですが、分けて整理しておいたほうが「自分がどんな目的でどのようなお金を使ったのか？」がわかりやすいので、科目を設けることをオススメします。また、後々法人化を目指しているならば、個人事業主のときから「会議費」と「接待交際費」を分けて整理しておいたほうが良いでしょう。

口座間での決済が普通である時代ですから、取引が多い場合は「支払手数料」も分けておくと良いでしょう。

なお、欄が足りない場合、重要性の低い金額は申告上「その他経費」としてまとめても認められるようです。

「事業内容などによっては新たに設けても良いと思われる勘定科目一覧」を47ページにまとめましたので、ぜひ検討してみてください。

2）やたらと細分化する必要はない

とはいえ、勘定科目をとにかく細かくしたら良いのかというとそうではありません。==「適度なグルーピング」でOKです。==

例えば、「事業内容などによっては新たに設けても良いと思われる勘定科目一覧」の中に「除却損・廃棄損」という科目があります。例えば「チラシなどを大量に作成し、年末になるとかなりの量を廃棄する」といった事業をしている場合には、この科目を独立して設けることをオススメします。けれども、「年末に廃棄するモノは少ししかなく、金額に換算しても少額である」という場合は、わざわざそのような科目を設ける必要はありません。「雑費」として処理すれば良いでしょう。

3）勘定科目を間違えて入れてしまってもOK

では、万が一、勘定科目を誤って経費算入してしまった場合はどうなるでしょうか？ 例えば、宅配便料を「荷造運賃」ではなく「通信費」として処理してしまったとしたら……？

結論から言えば、<mark>「勘定科目を間違ってしまうと経費として認められない」ということはありません。</mark>ですから、「勘定科目ごとに間違いなく仕訳しないと」とストレスを溜める必要はまったくないのです。

ただし、「これはどこに仕訳すればいいかわからないな。『雑費』でいいか」などと何でもかんでも雑費に入れてしまうのは考えものです。きちんと記帳しているとはいえ、税務調査が入って「これは何ですか？」と聞かれる可能性は高まりますし、何よりも経営状態が把握できません。ずさんな経費処理をしているということは、ずさんな経営をしていることに他ならないので、事業を維持・成長できる可能性が低くなりますし、金融機関なども融資をしてくれない可能性があります。

〈注記〉本書では「給与」「現物給与」をクロとして扱います！

次に紹介する「勘定科目一覧」でも明らかなとおり、給与は「経費」の1つです。けれども、本書の「シロ・クロ編」では、給与を「クロ」のブロックで扱っています。理由は、給与と他の経費では、その後の処理が変わってくるから。給与（現物給与含む）と見なされると、個人事業主には源泉徴収義務が発生し、従業員は所得税や住民税などの支払いが増えます。その注意喚起のために、敢えて「クロ」として扱っています。

所得税青色申告決算書(一部)に記載されている勘定科目一覧

項目名	詳細
租税公課	●費用となる税金 例)個人事業税、固定資産税、自動車税、不動産取得税、登録免許税、印紙税
荷造運賃	●郵便物や宅配物の梱包費用や配送費用 例)郵便代、宅配便代、梱包に使うダンボール箱や緩衝材やガムテープなどの購入費用(※ハガキ代、郵送以外の切手代は「通信費」としても OK)
水道光熱費	●事業の運営に必要な水道料金や電気料金などの費用 例)水道料金、電気料金、ガス料金、ストーブなどの灯油代
旅費交通費	●移動にかかる経費および宿泊費 例)バス代、タクシー代、電車賃、航空運賃、高速代、駐車料金、ホテルの宿泊費
通信費	●通信のために必要な費用 例)電話料金、インターネット通信にかかる諸費用、切手代、ハガキ代、ファックス代
広告宣伝費	●商品やサービスの広告宣伝のための費用 例)インターネット広告代、チラシの制作代およびポスティング費用、新聞広告の制作代や出稿費用、看板の制作料、試供品提供の際の材料費や人件費、名入りのノベルティグッズの制作費用、ショーウインドーの陳列装飾のための費用
接待交際費	●業務に関連する人の接待交際費用 例)会食代、ゴルフ代、慶弔関連費用、贈答品
損害保険料	●事業のためにかけた保険料 例)自動車保険、火災保険、賠償責任保険、PL保険、従業員のための自転車保険
修繕費	●建物や器具備品などの修理費用 例)自動車の修理代、事務所のリフォーム費、パソコンの修理代
消耗品費	●10万円未満もしくは法定耐用年数が1年未満のものを購入する際の費用 例)文房具、図書、名刺、印鑑、家具、家電、エアコン、パソコン(10万円未満)
減価償却費	●10万円以上の高額な固定資産を複数年にわたり計上する費用 例)自動車、応接セット、複合機、事業用HPの制作費(10万円以上)
福利厚生費	●従業員の慰労などのために使った費用 例)慰安旅行代、新年会・忘年会代、お祝い金やお見舞金、健康診断費用、従業員住宅の使用にかかる費用
給料賃金	●従業員に支払う給与 例)給料(青色専従者への給料は「専従者給与」に入れる)、賞与、賃金、退職金、現物給与
外注工賃	●外部に業務委託した場合の費用 例)個人事業主および従業員以外の人間に依頼し、対価を支払う業務すべて
地代家賃	●事務所やオフィスの土地・建物にかかる賃借料や使用料 例)事務所家賃、店舗家賃、駐車場代、倉庫使用料、土地使用料
貸倒金	●売掛金や貸付金の回収ができなくなった場合の損金 例)売掛金、受取手形、貸付金、前渡金などの貸倒損失
雑費	●どの勘定科目にも属さない少額費用 例)ごみ処理代、引っ越し費用
専従者給与	●青色事業専従者に支払う給料 例)青色事業専従者である配偶者への給与

事業内容などによっては新たに設けても良いと思われる勘定科目一覧

新聞図書費	●新聞や雑誌の購入のために支払う費用 例)書籍代、新聞の購入・購読代、雑誌の購入代
会議費	●業務目的で1人5000円以下の飲食に使った費用 例)打ち合わせ時のカフェ代、会議時のお茶代やお菓子代
販売促進費	●取引先など特定の相手へ向けた商品・サービス普及のための費用 例)取引先に毎年配布する、屋号入りのカレンダーの制作費用
出張手当	●従業員が出張した際の飲食に関する手当の費用 例)従業員の出張先での飲食代を規定により支給
法定福利費	●法令などにより費用負担が義務付けられる福利厚生の費用 例)従業員の雇用保険料、労災保険料、社会保険料
除却損・廃棄損	●固定資産を破棄処分した際に発生した損失 例)昨年配布した名入りカレンダーの余りを廃棄した、古くなった印刷機を処分した
研究費・開発費・研修費	●現業務の質向上や新規事業の開発などに宛てた費用 例)同業他社の業務を視察した、新規事業のための勉強をした
支払手数料	●手数料や手間賃、報酬の支払いに充てた費用 例)新規顧客を紹介してくれた謝礼金、従業員を紹介してくれた謝礼金、振込手数料
損害賠償金	●損害を与え、その埋め合わせをするために使った費用 例)自分ないしは従業員が事故を起こした際の賠償金
事務用品費	●消耗品のうち、特に事務用品の支払いに充てた費用 例)文房具の購入代、コピー用紙の購入代
美容費・被服費	●消耗品のうち、特に美容や被服に充てた費用 例)髪のセット代、ドレス代
取材費	●消耗品のうち、特に取材に関して使った費用 例)取材のための交通費、飲食代

開業したら
何を出せばいいの?

　開業したら、税務署に開業届けなどの書類を提出する必要があります。それ以外にも、提出するとさまざまな特典を受けられる書類もあります。

　そこで、それらを一覧にしてみました。期限を守って提出しましょう。

税務署に提出しなければならない書類、提出したほうが良い書類

区分	確定申告	書類	期限
提出しなければ ならない書類	青色・白色 共通	個人事業の開業・廃業等届出書	1ヵ月以内に
		所得税［消費税］の納税地の変更に関する届出書（住所と事業所の所在地が異なり、事業所を納税地としたい場合）	特に期限はないが、できるだけ迅速に
		給与支払事務所等の開設等届出書	従業員を雇用してから1ヵ月以内に
	青色のみ	青色事業専従者給与に関する届出書	算入したい年の3月15日まで（1月16日以後に開業や新たに専従者がいることとなった場合は2ヵ月以内）
提出しておいたほうが良い書類	青色・白色 共通	所得税の減価償却資産の償却方法・棚卸資産の評価方法の届出書	（開業年の）確定申告期限までに
		源泉所得税の納期特例の承認に関する届出書（※）	納期の特例を希望する際に提出
	青色のみ	所得税の青色申告承認申請書 （青色を選択する場合必須）	青色を選択したい年の3月15日まで（1月16日以後開業の場合は開業から2ヵ月以内）

（※）雇用人数が10人以下ならば、年2回の源泉所得税の納付で済む、というもの（毎月納付するという手間が省ける特例制度）

コレって経費で
落ちますか？

- 自宅兼事務所の家賃は？
- 1人ランチのご飯代は？
- 毎月の生命保険代は？
- 取引が始まっていない相手の接待費は？

70項目の疑問を掲載。落ちる・落ちないが
白黒はっきりわかります。

自宅兼事務所の家賃は？

シロ 「事業で使っている床面積分」は落とせる

落とせます。ただし、「家事費」の部分は経費に算入できません。「家事費」とは、プライベートで使う費用のこと。個人事業主の活動は仕事とプライベートに大別でき、「業務上必要な部分を明確に区分」できた場合、経済活動の支出を経費として算入できるのです。ただし、白色申告の場合、事業で使用する割合が50％未満だと経費にできません。

そのため、誰が見ても明確な基準を用意し、「仕事で○％、プライベートで△％」と区分する必要があります。これを「按分」と呼びます（223ページ参照）。自分名義で借りている賃貸物件に関しては、「事業の使用割合」で按分するのが一般的です。使用割合を按分するのに良いのは「床面積」です。「自宅の1室を仕事部屋にしている」という人の場合、

・仕事部屋は100％入れる

・トイレや廊下などの共有部分は50％だけ入れる

（お風呂やキッチンは共用部分と見なさない）

という考え方のもと、「事業に充てている床面積」を算出するのです。

例えば100㎡の床面積のうち、事業に使っている部屋が30㎡あり、トイレや廊下などの共用部分が10㎡あったとします。「30㎡＋5㎡（トイレと廊下の半分）＝35㎡」分の家賃、10万円の場合3万5000円を経費にするのはきわめて妥当です。

また、ワンルームを仕事部屋として使用し、夜になれば簡易ベッドを出して眠る生活をしている人が、そのワンルームを「事業に充てている床面積」と考えるのは妥当です。お風呂場やキッチンを除いても、70％ほ

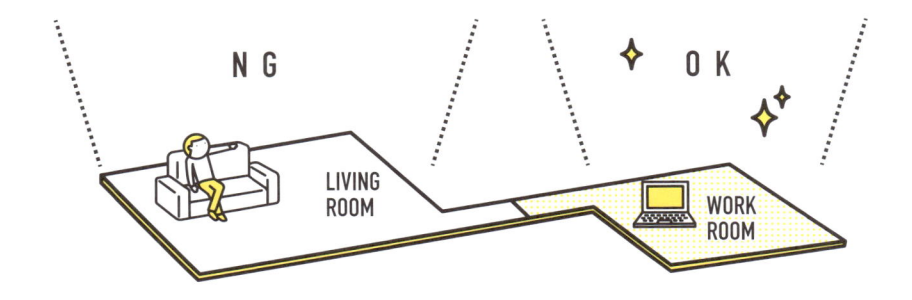

どは事業に充てている床面積に該当するのではないでしょうか。そこから
さらに起床時間中の業務時間の割合（16時間起きていて8時間仕事をして
いるなら50％）で按分し、全体の35％ほどは入れられると思います。

事務所は別にあるけど、自宅も仕事場……は難しい

　まず、事業使用割合50％以下の白色申告者が自宅兼事務所の家賃
を申請するのは「クロ」です。また、「フードスタイリストとして家のキッチ
ンでメニュー開発の作業をしている」といった場合、キッチンも仕事場と
見なし、業務に使っている時間で按分して入れてOKです。ただし、この
ような使用実態がないのに「使っている」と虚偽の申告をするのは「ク
ロ」です。

　“自宅兼事務所関係”でありがちなのは、「事務所は事務所で別にあ
るけれど、たまに自宅に仕事を持ち帰って自分の部屋で仕事をする。その
自分の部屋分を経費として処理できないか？」というもの。これは、残念
ながら「クロ」。「事務所はあるのに、自宅の一室でも1日中仕事をして
いた」という説明は、さすがにつじつまが合わないですよね？

まとめ

「事業で使っている床面積」を割り出して、
その床面積分の割合を経費に算入しましょう。

自宅で親に払っている家賃は？

✕ クロ 「生計を一にする」ので落とせない

親名義の持ち家に住んでいる。その家に同居し、1室を仕事部屋として使わせてもらっている。「自分の持ち家ではないので、家賃を一定額支払う」という約束の下、親に月々5万円の"家賃"を支払っている。この5万円は経費になりますか——？　というものですが、残念ながら経費にはなりません。

なぜなら、「生計を一にする」からです。

「生計を一にする」とは、簡単に言えば「お財布が一緒」「生活費が一緒」という意味です。同居し、一緒に暮らしている場合、この関係にあたるので、その相手に"家賃"と称して支払っても経費にはできないのです。

もしも仮に「親に渡した"家賃"も経費にできる」と認めてしまうと、どうなるでしょうか？　子から親に"家賃"をいったん支払い、すぐに裏で親から子にその"家賃"を戻せば、簡単に架空経費ができ、無節操な経費が算入されていきます。このような操作を防ぐために禁止されていると考えられます。

ちなみに「生計を一にする」ですが、「一緒に住んでいなくても財布は一緒」という場合も含まれます。例えば、「親は別の家に住んでいるが、この家の持ち物は親であり、基本的な生活費は自分が出している」といった場合は、これにあたります。

〇 シロ 「持ち家にかかる経費の一部」は落とせる

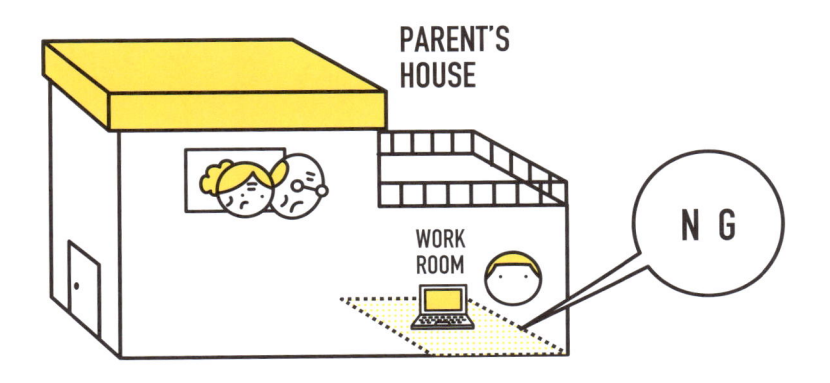

　ただし、この場合、"家賃"はクロなのですが、

・土地や家屋にかかる固定資産税

・火災保険など住宅関連の保険料

・建物の減価償却相当額

に関しては、経費として算入できます。

　なぜなら、固定資産税、保険料、建物の減価償却相当額は「生計を一にする相手」に払っているものではなく、必要な経費としてしかるべき相手に納めているものだからです。

　ただし、**ここでも、「事業に使用している割合」で按分が必要です。**例えば、あなたが親の持ち家の3割相当を作業スペースとして使用しているのであれば、固定資産税、保険料、減価償却相当額の3割相当を経費として入れることができます。なお、家賃相当額を支払っていなくても、経費とすることができます。

　この「固定資産税、保険料、減価償却相当額の経費算入」に関しては、案外知らない人も多いようです。もったいないので、ぜひ経費に算入してください。

> **まとめ**
>
> 固定資産税、保険料、減価償却相当額は、
> 「事業の使用割合」で按分して経費にできます。

事務所の一部が損壊。 そのリフォーム費は？

 シロ

「事務所専用」の場合は、 すべて全額経費算入できる

「事務所専用か？」「自宅兼事務所か？」で考え方が分かれます。

「事務所専用」の場合は、基本的にすべてリフォーム費用は全額経費算入できます。まず、リフォームする際には、20万円が1つの判断基準となります。その修繕が20万円未満であったり、3年に1回は修理が必要（フィルターの交換など）であったりするものであれば、修繕費として1年で経費として処理できます。

次に、リフォーム費については、「修繕費になるのか？」「資産になるのか？」を考える必要があります。「壁に穴が開いてしまったので、元どおり回復する」というのは「修繕費」です。これに対して「これを機会に和式トイレを洋式のウォシュレットにする」「10年前に買ったエアコンが壊れたので最新のエアコンに交換した」などは、価値がアップしたことになるので、「資産」となります。この場合はその資産が10万円未満であれば1年で経費にできますが、10万円以上であれば資産として計上し、減価償却を行う必要があります。

<mark>壊れたものを元に直したら「修繕費」、新しいものを買ったら「資産」というイメージ</mark>でしょうか。資産の場合、「経費にはできるが、いっぺんにやってはダメ」（減価償却）という考え方が入ってきます。減価償却の意味については、220〜222ページも参照してください。

 **クロ**

「自宅兼事務所」の場合、 按分で考える必要あり

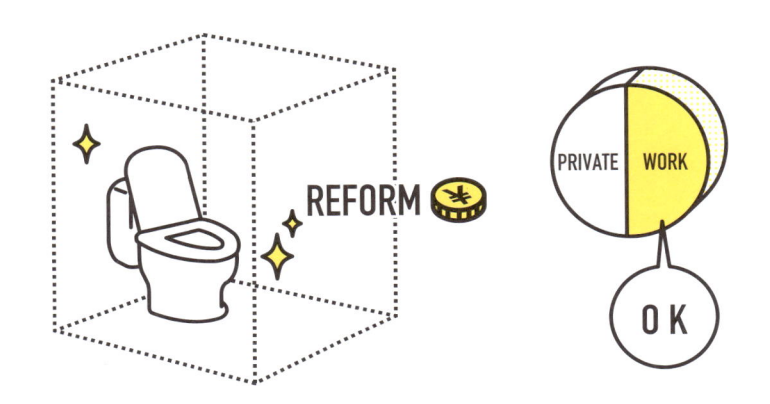

　「自宅兼事務所」の場合、家賃の場合（50〜51ページ参照）と同じく按分の考え方が必要です。お風呂場は生活のためのスペースですから、リフォーム費用は経費にはできません。トイレのリフォームであれば、「プライベートで半分、仕事で半分使用している」という解釈のもと、**50％を経費算入することは妥当だと思います。**また、「家の壁紙をすべて張り替えた」という場合も按分の考え方を適用し、事務所スペースの張り替え代だけを経費算入しましょう。これを全額入れてしまうと、クロ判定になります。また、エアコンは、事務所として使用しているスペースのものは当然全額算入してＯＫですが、リビングや寝室などそれ以外の部屋のものを入れようとするとクロと見なされるでしょう。「事務所スペースのリフォーム費は全額算入、トイレなどの共用スペースのリフォーム費は按分、それ以外のお風呂場や寝室などのリフォーム費は家事費にあたるので入れない」というのが基本的な考え方です。

　リフォーム費は、「入れてはいけないものまで経費算入してしまう人」と「当然入れるべきなのに経費算入せずに損をしている人」とが極端に分かれる項目の1つ。正しい理解のもと、正しい算入をしたいですね。

> **まとめ**
>
> 明らかに業務用と言い切れるものは経費でＯＫ。
> 自宅兼事務所の場合、生活に関わるものはクロ。

電子レンジや イス、テーブルは？

 ## 「事務所専用で使用している場合」は 基本的にOK

　まずは、「事務所専用で使用している場合」から考えてみましょう。家電は、基本的にほぼOKと考えて良いでしょう。ポット、冷蔵庫、掃除機、電子レンジ、オーディオ機器など、一般的な事務所にありそうな家電は来客や従業員のために購入したと見なされるでしょう。美容院やエステなどには洗濯機が置かれていますが、業務で使うのが目的でしょうから大丈夫です。また、ソファやテーブルなどのインテリアも、すべて経費になります。減価償却をすることになるので1年で全額経費にすることはできませんが、==何百万円もする高級応接セットであっても経費にすることは可能です。==

　次に、「自宅兼事務所だが事務所スペースが完全に仕切られている」場合です。業務に使用する机やイス、本棚などは当然OKです。明らかに業務用と見なせる応接セットなども入れても良いでしょう（どちらも原則10万円以上は減価償却）。また、冷蔵庫や電子レンジなども「自宅用のものが別にあり、そちらをプライベートで使っていて、これは来客など業務専用だ」と言えるのであれば、全額経費算入して問題ないでしょう。

 ## 「個人の趣味嗜好が反映されるもの」は 要注意

　続いて、「ワンルームの自宅兼事務所」の場合。生活に使うものは基本的にクロです。例えば、電子レンジなどは、基本的に業務には直接関係ないものとみなされます。ごはんを食べるのも生活の一部ですから、

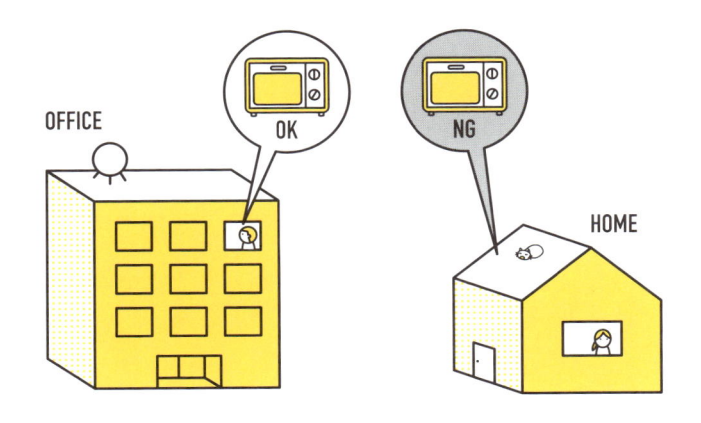

「自分が休憩中に何かを食べるため」「誰かが来たときに食事を振る舞うため」といった理由では厳しいでしょう。ただし、フードコーディネーターの人は電子レンジが業務に関係してくるわけですから、経費算入が可能になります。

最後に、「事務所専用」の場合です。「明らかにこれは個人の趣味でしょう」というものは、経費算入が難しくなります。ゴルフのパターマットなどは、その典型例です。

また「まったく来客がないのにあまりにも装飾品が多い」場合は、クロになる可能性があります。例えば、たくさんのフィギュアや、レアもののスニーカーを飾っているケース。これがカフェなどのお店だったら、装飾として許されると思うのですが……。

ちなみに、個人の趣味嗜好が反映されるものは業務に直接関係しないと見なされがちです。掛け軸や壺などの美術骨董品は、美術業界の仕事などでない（例えばコンサルティング業務）限り、事務所専用であっても、自宅兼事務所であっても、否認される可能性が高いです。

まとめ

明らかに業務用と言い切れるものは経費にできます。
自宅兼事務所の場合、生活に関わるものはクロです。

従業員が住む住居代は？

 要件を守れば、福利厚生費にできる

　閉店時間が夜遅くなり、終電に乗るのが大変な飲食業界などは、社宅制度を設けているところも多いと思います。福利厚生の一環として社員寮完備をうたっているところもあります。この項では、そのような社宅、社員寮など、従業員のための住宅について考えてみましょう。

　法人に限らず個人事業主であっても、==要件を満たした形で従業員に住居を提供すれば「社宅」となり、福利厚生費などとして経費にできます。==従業員にとっても、税金や社会保険料が低くなるので、お互いにメリットがあります。

　では、その要件とは何でしょうか？　2つあります。

　1つは、個人事業主が契約者となること。不動産会社で紹介している賃貸住宅を借りる（借り上げ住宅）場合、従業員本人が契約者となってしまうと福利厚生費にできません。個人事業主が契約者となり、不動産会社との契約書にサインをしてください。

　2つめは、家賃の半分以上を従業員が負担していること。つまり、個人事業主が負担できるのは半分以下です。家賃が8万円だった場合、4万円までは負担できますが、残りの4万円は従業員に負担してもらってください。

 **自社物件や自分の持ち家に
タダで住まわせていると……**

　上記の2つの要件を満たさないと、福利厚生費ではなく、給与となって

しまいます。その結果、個人事業主は源泉徴収して納付する必要が生じ、従業員は所得税や住民税が増えることになります。

　ちなみに、「自社物件や自分の持ち家に従業員を住まわせているので、家賃がわからない」というケースもあるでしょう。その場合は、家賃相当額を算出しなくてはいけません（※下記参照）。そして、その金額の半分以上は、従業員からもらいましょう。

　もしも従業員から家賃を取らず、何年もタダで住まわせていたとすると、法律上は「家賃の半額分の給与を渡している」と見なされます。個人事業主は源泉徴収分の延滞税を取られ、従業員は追加の所得税や住民税を取られることになります。

column　家賃相当額の計算方法 〜国税庁HPより〜

賃貸料相当額とは、次の〔1〕〜〔3〕の合計額をいいます。
〔1〕　〔その年度の建物の固定資産税の課税標準額〕×0.2％
〔2〕　12円×〔その建物の総床面積（平方メートル）／3.3（平方メートル）〕
〔3〕　〔その年度の敷地の固定資産税の課税標準額〕×0.22％

まとめ

個人事業主が契約者となり、家賃の半分以上を従業員が負担すれば、福利厚生費で算入可能。

事務所の敷金、礼金、更新料は？

 シロ 事務所であれば全額OK。
自宅兼なら按分する

これは、50〜51ページの「家賃」の項目と基本的に同じ考え方です。事務所専用なのか、自宅兼事務所なのかで、分けて考えていきましょう。

事務所であれば、全額経費に入れられます。オフィスを契約する際に発生する礼金や、その後契約更新時に発生する更新料は、全額経費に算入できます。また、172〜173ページでも記載していますが、店舗や事務所として使っている場所の火災保険料およびその更新料も経費算入OK（金額や期間によっては分けて経費算入が必要）です。

注意したいのは、敷金です。「解約時に戻ってくるお金」なので、契約時点では経費算入できません。敷金は、契約時に預かりとなり、退去時に部屋の原状回復費用が差し引かれて精算となります。この差し引かれた分は経費に算入できます。例えば、敷金10万円を契約時に納め、3万円を差し引かれて7万円戻ってきた場合、その3万円分を経費にできるのです。精算されるまでの間、敷金の10万円は資産として計上しておくことになります。

では、自宅兼事務所の場合はどうでしょうか？　床面積をもとに按分します（按分のしかたは50ページを参照）。例えば、自宅面積の30％程度を業務用に充てている場合は、礼金、更新料、火災保険料およびその更新料、敷金の差し引き分などを30％経費算入するのが妥当です。

 **クロ** 自宅兼なのに全額算入はクロ。
私財やペットも要注意

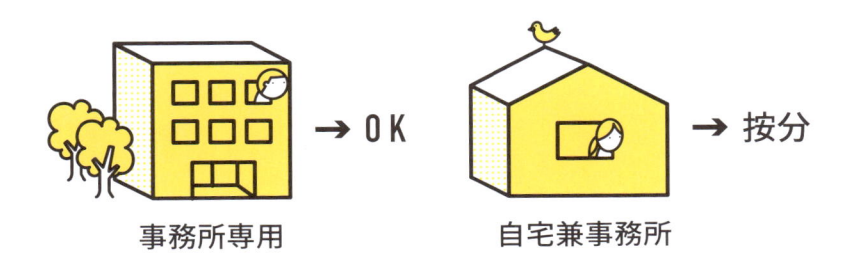

事務所専用 → OK　　自宅兼事務所 → 按分

　明らかなクロ判定としては、自宅兼事務所にもかかわらず、一部ではなく全額を経費として算入することです。家賃と同じく、敷金、礼金、更新料などは、金額も大きいので目立ちます。実態に即していないとすぐにバレますからやめておきましょう。

　事務所にコレクションなどの私財を飾り、家財保険などを特約でつけている場合も、「業務に直接関係ない」という判断をされる可能性が高いでしょう。事務所専用でも自宅兼事務所でも、これは同じです。

　また、ペットに関する記載も注意が必要です。ペットを飼うのは楽しいことですが、ペット関連の業務についている場合を除き、「業務に直接関係ない」と見なされます。契約を結ぶ際、「家賃20万円、ただしペットを飼う場合はプラス1万円」などと契約書に記載がある場合は、1万円を除外して計算しましょう。あるいは、事務所内でペットを飼っていたとします。そして、敷金返還時に「ペットによる傷が理由で5万円を敷金から差し引く」といった記載が明細書にあった場合は、その5万円は経費算入しないほうが良いでしょう。こういった明記があるケースはきわめて稀だと思いますが、念のため記載しておきます。

まとめ

**敷金、礼金、更新料は、家賃と同じ考え方で。
業務に直接関係ないものは、除外して計算を。**

事務所の引っ越しで かかった費用は？

シロ　事務所専用であればすべて経費に

　事務所専用と自宅兼事務所、2つを分けて考えていきましょう。

　まず、事務所専用の場合からです。事務所の引っ越し費用は全額経費になります。引っ越し屋さんにお茶代などの心付けを渡すときには、領収書は出ないので、出金伝票でメモしておきましょう。==これらの引っ越しに関する経費は、支払手数料として算入すると良いでしょう。==また、引っ越し先の近隣へのご挨拶の際の手土産ですが、これも接待交際費で経費にできます。引っ越しの際に家具や家電を処分する際の処分費用は、雑費でも良いでしょう。引っ越し後に「事務所を移転しました」という挨拶ハガキを出すことがありますが、業務に関連することなので、もちろん経費になります。通信費や広告宣伝費として算入すると良いでしょう。

クロ　自宅分を経費にしようとするのはNG

　自宅の引っ越し費用を経費にしようとするとクロになります。それを踏まえて、自宅兼事務所の場合を考えていきましょう。

　自宅兼事務所の場合、「自宅部分と事務所部分の費用が明確に区分できるかどうか？」がポイントとなります。家賃（50ページ参照）の場合は、「床面積で按分」という考え方が妥当だったのですが、引っ越し代を床面積で按分するのは妥当ではないでしょう。事務所に置かれている備品にもよりますが、例えば事務所スペースにあるものがデスクとイスと簡単な応接セットで、それ以外の家事スペースには冷蔵庫や洗濯機やベッド

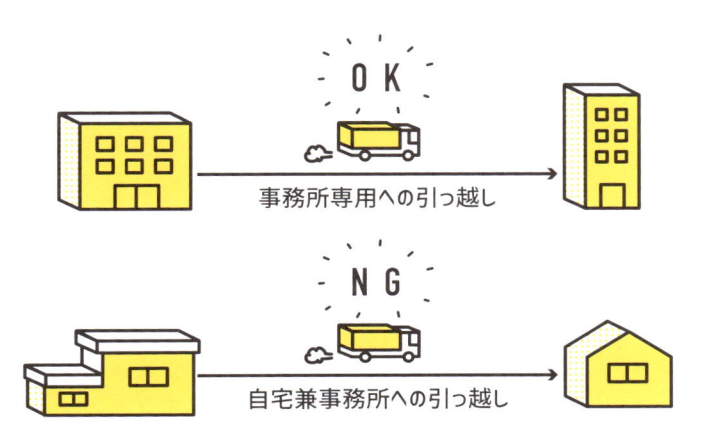

OK

事務所専用への引っ越し

NG

自宅兼事務所への引っ越し

やテレビや洋服ダンスが置かれている……となると、==床面積で按分すると「入れすぎ」になる可能性がある==からです。「事務所スペースに備品がほとんどないのであれば、引っ越し費用は経費には入れない」「もしも経費算入したい場合は、引っ越し業者さんに見積もってもらう際、事務所スペースのみの引っ越し費用分を見積ってもらい、全体の何割にあたるか算出してみる」という考え方が妥当でしょう。

column 引っ越したら開業届を再び提出

個人事業者の納税地などに移動があった場合や事業を廃止した場合の届出書とその提出期限

届出書	内容	提出期限など
【所得税・消費税】所得税（消費税）の納税地の異動に関する届出書	転居などにより納税地に異動があった場合（異動前の納税地の所轄税務署に提出します）例）（住所兼）事務所→引っ越し→（住所兼）事務所	納税地の異動があった後、遅滞なく
【所得税・消費税】所得税（消費税）の納税地の変更に関する届出書	納税地を変更したい場合（変更前の納税地の所轄税務署に提出します）例）住所→事務所専用、事務所専用→住所	特に期限に定めはないが、提出があった日以後に変更なので、遅滞なく
【所得税】個人事業の開廃業等届出書	事業の廃止や事務所などの移転（納税地ではない事務所の移転）があった場合	事業の廃止または事務所などを移転した日から1ヵ月以内
【源泉所得税】給与支払事務所等の開設・移転・廃止届出書	給与などの支払いを行う事務所などを移転または廃止した場合（「個人事業の開廃業届出書」を提出した場合を除きます）	移転または廃止の日から1ヵ月以内

まとめ

引っ越し代、お茶代、廃棄代、すべて経費になります。
税務署の管轄が変われば変更届の提出などが必要。

毎日着ている
スーツは？

✕ クロ　スーツやビジネスシューズは説明が難しい

　基本的には、スーツやビジネスシューズは経費にするのが難しいアイテムです。これはサラリーマンのケースですが、平成17年、大阪市が制服代としてスーツを支給したものの、「現物支給による給与である」とされたことがあります。胸ポケットに刺繍があったものの、すぐに隠せるあしらいだったようで、「業務でしか着られないわけではなく、プライベートでも着られますよね」という判断がなされたわけです。

　つまり、<mark>スーツは「仕事とプライベートを明確に区分できないもの」と課税局が判断したわけです。</mark>昭和49年にもスーツは「誰もが必要」であり業務上必要とはいえないという判決があったので、いまだ「明確に区分できない」という解釈は変わりません。実際、休日やプライベートでスーツを着る人は少ないと思いますが、スーツやシューズを何でもバンバン好き勝手に買われて、すべて経費にしてしまう……税を取り立てる側としては「認めたくない」というのが本音なのではないでしょうか。

 作業着はもちろんOK。講演会用も何割かはOK

　工事関係や建築関係の仕事をしていて、つなぎや長靴などはどうかといえば、<mark>「作業着であり、仕事以外のプライベートタイムで着用しないことは明らか」なので、経費として認められます。</mark>また、美容院や飲食店などのTシャツなども、「汚れてもいいようにお店だけで着ています」というものは制服と見なせますから、経費算入できます。お店のロゴが入った

ものはもちろん、市販の白Tシャツなども大丈夫です。また、スーツであっても、ピンクのスーツや銀ラメのスーツなど、「普段の生活で絶対に着ないでしょ」というものは例外的にOKと言えそうです。

　ちょっと苦しくなりますが、「事務所にスーツは置いてあります。出退勤するときは私服に着替えています」などといった形で、税務調査が入った際、「これは入退勤用、これは仕事用。明らかに業務以外で使っていない」と見せられればスーツも経費に入れられるかもしれません。

　また、「講演会用にスーツを買いました」という場合なども、数割だけは経費に入れられるかもしれません。

　なお、サラリーマンに関しては、平成26年、「給与所得者の特定支出控除」が設けられ、「職場では絶対にスーツでなければいけないという場合、その被服費も経費にできる」ということになりました。要件の1つとして「会社側がスーツを控除対象として認める」という証明が必要となりますが、条件付きで「スーツは経費にしてもOK」となったわけです。この大きな流れから考えると、やがては「個人事業主もスーツを経費にできる」時代が来るかもしれませんね。

まとめ

スーツも靴も「プライベートで着用していない」と
明確に説明できれば入れられるかも……。

自動車代、ガソリン代、車庫代は？

 **シロ** **仕事とプライベート兼用なら使用時間の割合で按分**

業務用のみで使用している自動車は、購入代はもちろん、維持にかかる諸費用（高速代、ガソリン代、駐車場代、自動車税、自動車取得税、自動車重量税、自賠責保険料、登録費用、車庫証明費用、車検代など）もすべて経費算入できます。また、2台持ちで「1台は業務用、1台はプライベート用」と分けている場合は、業務用だけを経費算入できます。

自動車の使用が家事用を兼ねている場合は按分です。青色申告の場合、青色申告決算書の減価償却費の計算のところに、事業専用割合という項目があります。このパーセンテージをかけて「必要経費はこれですよ」と計算できます。ですので、いったん自分のところで購入し、事業専用割合を計算して、その割合分だけ経費に算入（按分）するという方法を取ります。家事用を兼ねている自動車の場合、購入代だけではなく、自動車税、自動車取得税、自動車重量税、自賠責保険料、登録費用、車庫証明費用、ガソリン代、駐車場代、車検代などもすべて按分となります。

按分の理想は、走行距離。「仕事用で○km、プライベートで×km」を割り出すというものですが、これは実際には難しいかもしれません。その場合には時間を使いましょう。例えば、1ヵ月のうち何時間を業務に使用し、何時間をプライベートに使用したのかは、比較的簡単に出せると思います。その割合をもとにすれば良いと思います。「平日は業務にしか使わず、土日はプライベートにしか使わない」という場合は、「7分の5」と簡単に算出できますね。ただし、土日の走行距離や走行時間が多い場合は、単純な按分は避けましょう。

CAR

P
PARKING

GAS

・・・etc

PRIVATE WORK

OK

　注意したいのは、駐車場代や高速代です。例えば、家族旅行の際にかかった高速代や駐車場代は按分の際に母数に入れないように気をつけましょう。大事なのは「実態に即しているか」です。

　なお、個人事業主の場合、自宅から事務所への通勤も業務の一部として考えて良いでしょう。

✕ クロ 「本当は実家に帰ったのに……」はクロ判定

　例えば2ドアのスポーツカーなのに「配達で使っています」というのは無理がありませんか？　実態を伴わない主張もクロと判定される可能性があります。

　また、過去に否認されたケースとしては、「妻の実家へ行くついでに取引先への贈答品を購入した。実家に行った際、『業務を兼ねている』という主張のもと、高速料金を経費に入れた」というもの。主たる目的は業務にかかるものとは言えず、このような家族絡みの経費算入はクロになる可能性が高いです。

まとめ

> 業務に使用した分しか経費算入できません。
> 家族絡みの経費算入は、特に注意が必要です。

ペンや紙などの
必要備品は?

事務用備品は
業務に関係すればすべてOK

ボールペン、シャープペンシル、コピー用紙、クリップ、ホチキス、修正液、セロハンテープ、ハサミ、カッター、電卓、プリンターのインクリボン、ノート……事務用備品として思い浮かぶアイテムはたくさんありますね。事務所で使用する備品には、他にもトイレットペーパー、ティッシュ、ゴミ袋などたくさんあります。

「『事務用品費』と『消耗品費』は区別しなければダメですか?」という疑問をよく耳にしますが、文房具など事務用品の金額に重要性がなければ「消耗品費」だけでかまいません。ちなみに、本書の46ページでも触れていますが、<mark>「〜費」という勘定科目を少しくらい間違ってしまっても大丈夫です。</mark>税務署が、金融機関が、そして何よりも自分自身が、「どの科目でどれくらいのお金を使っているのか?」がひとめでわかり、事業の内容を把握しやすくするため、できるだけ正確な科目分けをして経費を整理しておこう——というのが大きな目的だからです。

では、これらの事務用備品は、経費として算入できるのでしょうか?結論から言えば、<mark>業務に関係するものであればすべて経費にできます。</mark>

ただし、次項(70〜71ページ)の「営業用備品」と同じで、大量に発注した場合などは、12月末で未消化分を資産計上する必要があります。けれども、「ウチは毎年、年末に1年分を発注している。長年ずっとそれでやってきている」という場合は、例外です。国が出している所得税法の通達に、「各年毎におおむね一定数量を取得し、かつ経常的に使用するものは取得した年分の必要経費に算入して良い」とあるからです。

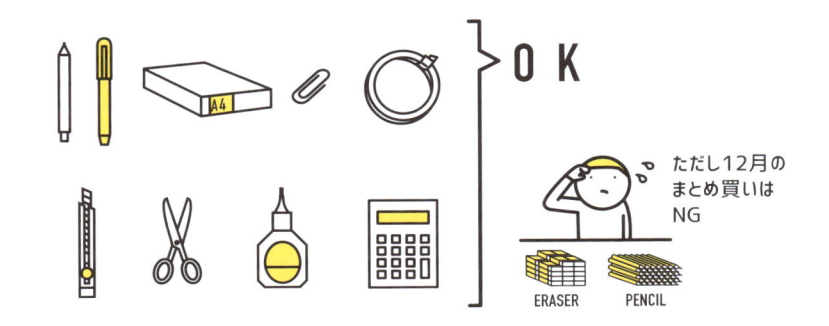

つまり、いつも継続して同じ数量を頼んでいるならば、たとえ12月に発注したものであっても、その年の経費にしてかまわないというわけです。

✕ 「利益が出そうだから12月にまとめて買う」 はクロ

　一方、クロとなるのは、所得をあからさまに下げようとする行為です。いつもは少しずつ買っている備品にもかかわらず、「今年は利益が出そうだから12月にまとめて買っておくか」とやるのはNG。**使用した分だけ経費になるというのが原則です。**これまではなくなりそうになったら補充してきたコピー用紙を、12月にいきなり何十万円分も買っていたら（置くスペースも困りますが）、疑いの目を向けられても仕方ないでしょう。

　また、自宅兼事務所の場合は、按分する必要があります。プライベートな生活のために購入した備品をすべて経費としてしまえば、これもクロとなります。トイレットペーパー、ティッシュ、ゴミ袋などを、家事用に買ったものから拝借して使う場合は、按分すると少額になるので、敢えて経費に算入しないほうが楽です。

まとめ

大量に発注した場合は、12月末で未消化分を資産計上する必要あり。利益操作のための大量発注は目をつけられやすいです。

名刺やロゴを制作した印刷費用は？

 シロ ロゴマークは金額や商標登録の有無で変わってくる

名刺、封筒、クリアケースなどについては、すべて経費にできます。ただし、大量に発注した場合などは、12月末で未消化分を資産計上しましょう（数千円程度を継続して購入しているのであれば、気にしなくて大丈夫だと思います）。

ところで、封筒やクリアケースにロゴを入れているものを見かけますが、ロゴマークの制作費に関してはどうでしょうか？　1年以上支出の効果が続く場合、資産計上をして、その効果の及ぶ範囲で償却する必要があります（20万円未満の少額の場合を除く）。ロゴマークは通常ずっと使い続けるため、「デザイナーさんに20万円以上の金額で作成してもらった」となると、これに該当するのです。

そのため、<mark>20万円以上のものは、年末にいったん「繰延資産」として計上し、償却を行います。</mark>税務上は任意償却といって、「償却期間は自由に決められる（1年でも10年でもOK）」扱いになります。1年で償却も可能なので、いったん資産計上するひと手間があるものの、広告宣伝費などの名目で経費になります。商品のネーミング代についても、ロゴ作成代と同じ考え方をします。

ところが、ロゴマークや商品名を商標登録した場合は扱いが異なり、商標権という無形固定資産になります（ちなみにその他の無形固定資産としては、ソフトウエア、特許権などがあります）。この場合は、「10万円以上だと固定資産となり10年で償却、10万円未満なら一括で経費」となります。青色申告の場合「30万円未満なら一括で経費」とすることもできま

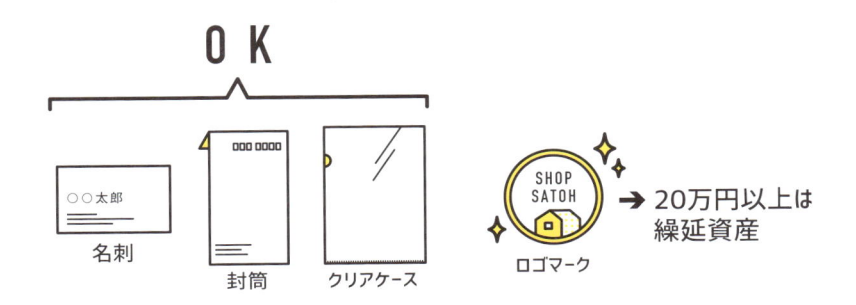

OK

名刺 ○○太郎

封筒

クリアケース

SHOP SATOH ロゴマーク → 20万円以上は繰延資産

す。なお、商標登録の際に弁理士さんに払うお金などは、商標権の取得原価とは切り離し、広告費などとして算入できます。

　説明が少し複雑になりましたが、要するに「開発費用20万円未満で商標登録をしない」場合は、広告宣伝費などとして経費算入できるわけです。「ロゴマーク入りの名刺をデザイナーさんに作成してもらった。合わせて25万円だった」などという場合は、ロゴ作成料と名刺作成料に請求書を分けてもらい、一方が20万円以上でなければ良いでしょう。

✕ クロ　無理矢理入れようとするのは、やはりクロ

　業務用ではないのに「業務用」と主張すれば、かなり苦しいことになるでしょう。

　例えば、ポロシャツの目立たないところに小さく屋号を入れて日常使いしていたとしたら、クロ判定されても仕方ありません。無理やり経費に入れようとすると、目をつけられることになります。

> **まとめ**
> 大量発注した名刺は、年末に未消化分を資産計上。
> ロゴ制作は20万円未満ならスムーズに経費算入可能。

時間厳守の必需品。腕時計の購入費は？

✗ クロ　装飾品は基本的に無理

これは、残念ながら基本的に無理だと思ってください。

人によっては「自分自身のブランド価値を上げていくために、より高いクルマや時計に買い替えていく」という考え方もありますよね。高級車に乗ったり、高級時計を身につけていると、それを目にした人が「儲かっているんだな」と潜在的に感じるため、自分の価値が上がる――という理由のようです。

ただ、そういった理由があるにしても、「業務上必要か?」という観点で考えると、決して必要ではないという結論になってしまいます。

メガネ、イヤリング、ネックレスなどもクロです。メガネの場合で考えてみると、そもそも業務のために必要なのではなく、目が悪いから必要なのですから。「これは伊達メガネです。度ナシの赤いメガネをかけているのは、相手にひとめで覚えてもらうためです」と主張しても基本的にクロです。黄色いスーツを着ている芸人さんがいますが、あれくらい「黄色いスーツ＝この人」という印象を与え、かつ「普段は絶対に着けないよね」と思える装飾品であれば広告宣伝費などで経費にできると思いますが、おしゃれな赤いメガネ程度では難しいでしょう。よく「メガネを何十個も持っていて、その日の気分でかけ替えている」という人がいますが、個人の財布から購入するしかありません。ちなみに、メガネを作ることは治療にあたらないので、医療費控除の対象にもなりません。

個人事業主本人ではなく、従業員に装着させたとしても、現物給与という扱いになります。個人事業主は源泉徴収して納付する必要が生じ、

メガネ

NG

ネックレス

高級腕時計

従業員は所得税と住民税がアップすることになります。

関連の深い業界であっても按分を

例外は、メガネ販売業の人にとってのメガネ、時計販売業の人にとっての時計、宝飾業界の人にとってのアクセサリー類などになりますが、これも「プライベートでは装着しない」と明確に言い切れるわけではないので、「仕事で50％、プライベートで50％」の按分をし、**半分だけ経費算入したほうが賢明です。**

アパレルショップなどでネット通販の撮影などをする際、撮影用備品としてイヤリングやネックレスなどのアクセサリーを使用したとします。これらの費用は、広告宣伝費として算入できます。ただし、撮影終了後は「撮影用備品として保管をする」または「販売する」「撮影後に廃棄する」ことが前提条件。撮影後にモデルにあげてしまえば贈与となるため、相手に贈与税が発生する場合がありますし、そのモデルが従業員であれば現物給与の支給になるからです。

まとめ

**好印象を与えるためであっても基本はNG。
自分のお金で購入するしかありません。**

署名のための高級万年筆は?

シロ　妥当な金額はアイテムごとに違う

験担ぎ（げんかつ）などを大事にする個人事業主の中には、万年筆や印鑑など契約関係に使う備品にお金をかけたいと考える人が一定数いると思います。

例えば、万年筆。「契約書にサインするときには気を引き締める必要がある。海外の老舗ブランドの最高級クラスのものにしたいな」と考える人もいるでしょう。あるいは、印鑑。「書類に捺印するときには気持ちを込めたい。象牙の印鑑なら手触りも抜群なので気持ちが入れやすい」といった具合です。ハイリスク、ハイリターンの事業をしている個人事業主の方々が、1つ1つの備品、特に契約時に使用する備品にお金をかけたいという気持ちはとてもよくわかります。

とはいえ、これらの備品に関しては「常識的に考えて金額が妥当かどうか?」が問われます。

まず、万年筆から考えてみましょう。妥当な金額はどれくらいでしょうか?　正直、相場はかなり低いと思います。なぜなら、ボールペンや油性ペンなどは、一般の文房具店で、100円で売られているからです。「高級ブランドの万年筆は契約時だけでなく、日常の打ち合わせでも使っている。その万年筆を使っていることで対外的な信用が高まる」といった説明をしたとしても、1万円程度の経費算入が妥当でしょう。ですから、1万円以内であれば消耗品費として経費に入れて良いと思いますし、それ以上であれば1万円のみを消耗品費で算入し、残額は個人負担するほうが良いのではないでしょうか。

次に、印鑑について考えてみます。こちらは、万年筆よりも少し相場が

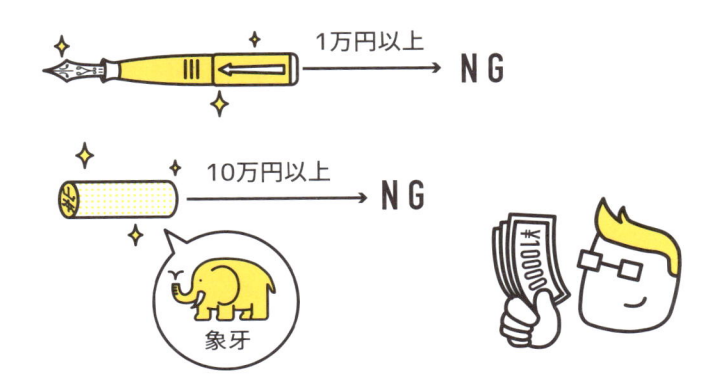

高い品です。例えば、最近ではチタン製の印鑑が「きれいに押せて摩耗しない」と人気です。価格に幅はありますが、1万円以上するものもたくさん売られています。そういった実態などから考えると、10万円未満なら消耗品費で経費に算入し、それ以上になるなら残額は個人負担するほうが良いでしょう。

　また、験担ぎということで言えば、お守り、お札、熊手なども、事務所に飾るということであれば消耗品費で全額経費にできます。

✗ クロ　単なる個人の趣味嗜好と見なされる

　万年筆であれ、印鑑であれ、==社会通念上「あまりにも高い」と判断されるものは、クロとなります。==「そこまでの高級品が業務上必要ですか？それは単なる個人の趣味嗜好ですよね？」と言われてしまうのです。

　お守り、お札、熊手などは、自宅兼事務所の場合、事務所スペースに飾れば全額認められると思いますが、廊下などの共有部分に飾ると否認される可能性が高いでしょう。

> **まとめ**
>
> 常識的な線で金額の上限を考えましょう。
> そのラインを越える場合は個人負担で。

ノベルティグッズの制作費、配布費は？

シロ OK。
ただし消費した時点で初めて経費になる

　業務に関連していれば、制作費や配布費用を経費にできます。

　「不特定多数の人に広く配る」という場合は、「より多くの人たちに知って欲しい」という目的があるので、広告宣伝費となります。街頭で配るティッシュなどはこれにあたります。

　「限定された相手に配る」という場合は、「相手とより良い関係を築きたい」という目的なので、接待交際費となります。得意先を回って「1年間お世話になりました」と渡すカレンダーなどはこれにあたります。

　ノベルティグッズに関しては、1つ注意が必要です。それは==「年末時点で使っていないものは資産にする必要がある」==ということ。広告目的のものや消耗品の類は「消費した時点で初めて経費になる」からです。金額の大小に関係なく、そういう考え方なのです。例えば、ノベルティのボールペンを10万円分作成し、12月31日の時点で3万円分残っていたとします。その場合、残りの3万円はいったん資産計上します。次の年に3万円分を使った時点で、その年の経費になります。

　ちなみに、3万円のボールペンを「年号も入れてしまい、来年は使えないので、全部処分してしまおう」と処分した場合は、除却損や廃棄損という科目で経費算入できます。

クロ 従業員の備品も、消費しなければNG

　余った備品を「お客様には配れないので捨てよう」ではなく、「従業

員の備品として使おう」という場合は、<mark>資産の用途が転用されただけなので経費にはできません。</mark>そのまま資産ということになります。

　また、当然ながら高額過ぎるノベルティグッズはクロでしょう。高級ブランドバッグに屋号の熨斗（のし）だけつけて「ノベルティグッズです」というのは無理があると思います。

きちんとした"フォルダ分け"で経営の見える化を！

　勘定科目は自分の事業の特性や必要性において自由に設定できますし、少々間違えたところでその経費性が否定されるわけではありません。では、なぜ勘定科目を適宜分けて経費を整理する必要があるのかといえば、最大の目的は「事業の実態を個人事業主が把握するため」です。例えば、商品の大部分は流行品で廃棄が多い事業をしている場合、「廃棄損」というフォルダ（勘定科目）を設定しておき、そこに廃棄損関係の金額を集計すれば、「自分たちが1年間でどれだけの金額のものを廃棄しているのか？」がひとめで分かりますよね。面倒くさいように感じる経費の区分ですが、最大の目的は、誰のためでもなく、自分のためなのです。

まとめ

広告宣伝費や販売促進費として経費にできます。
高額過ぎるノベルティグッズはクロです。

パソコンやスマホは？

 **シロ** 事業用で使っている
パソコンやスマホの料金はOK

プライベート用と仕事用、パソコンやスマホを2台持っているという場合、**仕事用の購入代金や月々の通話料は全額OK。**ただし、10万円以上するパソコンは資産として計上し、減価償却する必要があります。

1台持ちの場合、どこまでを経費とするかは「事業に使用している割合」で考えることになります。スマホであれば、割合を考える基準として一般的に言われているのは、「通話明細」です。

ただ、最近、スマホを「電話」として使う場合は、ほとんどが業務。プライベートでは、通話するにしてもLINEなどの無料通話を使う人も多いでしょう。そこまで割合を厳密に考えず、通話代はその1台の料金を100％経費（パケット代その他は按分する必要あり）として算入したとしても、実態に即しているので、あまり突っ込まれないように思います。

ちなみに、事業で使用していることを証明するのに使えるのが名刺です。名刺に携帯電話番号が記載されていれば、「業務用だな」と判断してくれるでしょう。まずは通話明細を電話会社にリクエストして実態を把握してみましょう。これが按分基準の証明資料になります。必要経費の安全基準は「法に則り、実態に即している」ということ。業務に関連していることが明確に分かれば良いのです。

 **クロ** 「子供の分」や「私物購入代金」を
入れるのはNG

パソコンを1台しか持っておらず、8時間は仕事で使っていて、2時間は

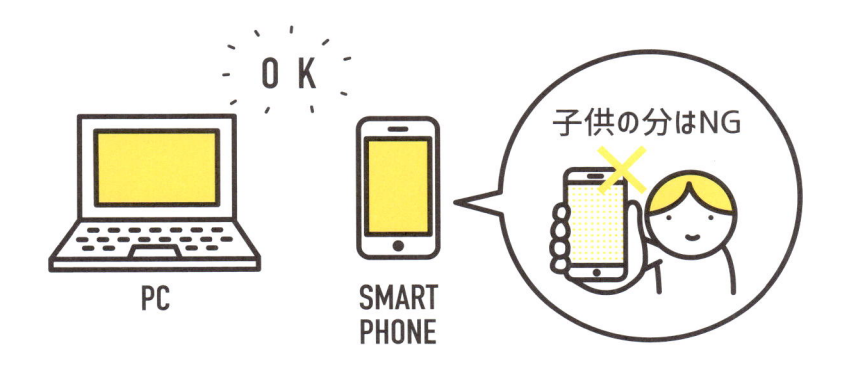

プライベートで使っている場合は、按分します。1～2割は個人的な使用だと思うので、そこは経費にしないようにしましょう。

また、子供に持たせているスマホ代が自分の口座から一緒に引き落とされていて、「面倒くさいから子供の分も一緒に入れてしまえ」というのはNG。支払明細には電話番号が記載されるので、税務調査に入られた際にすぐにバレます。家族があなたの業務をサポートし、電話を使う業務に従事している場合は、その電話代は入れても良いでしょう。

もう1つ盲点として注意したいのは「まとめ払い」です。これは「Yahoo!ショッピングで私物の買い物をした際、その料金がソフトバンクの通話料金と一緒に引き落とされる」といった類のものです。**私物の買い物料金を含めて「通話代」としてしまうのは、当然ながらクロです。**

また、「個人的な趣味のゲームアプリを購入し、通話代とまとめて引き落とされる」といった場合も同様にクロ（ゲームアプリを制作する仕事をしている場合は例外ですが）です。もしも業務の備品を買ったら「どこに、いくら、何のために」などを説明する書類を保管しておきましょう（領収書がもらえない場合の対処は198ページを参照）。

> **まとめ**
>
> ## 業務に使っていることが明らかならOK。
> ## プライベートに関する料金は除いて算入を。

新聞やスマホアプリ。情報収集にかかるお金は？

シロ 情報収集の目的が明確であれば、上限を気にせず購読OK

　経済紙、全国紙、地方紙などの新聞はOKです。「自宅に届く新聞は、家事費の1つにあたるのでは？」という論点はあるかもしれませんが、「仕事の情報収集のために新聞を読む」という行為はきわめて自然だと解釈できるからです。また、週刊誌もさまざまな情報が載っていますから、市場のニーズを探るという主張はできるのでOKです。有料のニュースサイトなども同様です。これらは、新聞図書費という扱いで算入すると良いでしょう。

　新聞図書費は月に数万円程度でおさまっていれば、まずいろいろ言われることはないでしょう。メディア系の仕事をしている私の知り合いは新聞を10紙とっているそうです。新聞だけでも月に数万円になりますが、業務上必要だと主張してもまったく違和感はありませんよね。情報は、現代の仕事の大きな武器なので、新聞、雑誌、ニュースサイトなどはあまり上限を気にせずに購読しても良いのではないでしょうか。

　趣味性の強い競馬新聞などは微妙ですが、幅広い情報を普段から仕入れておくというのは、業務を円滑に進める上で必要です。「取引先の人間がすごく競馬好きなので話題を合わせるため」という目的であれば、ぎりぎり入れられるかもしれません。ゴルフ雑誌、飲食の雑誌、ファッション誌や時計の雑誌など、個人の趣味性の強い雑誌も、考え方は競馬新聞と同じです。スマホアプリにも同じことが言えます。「取引先に合わせるため」というのが主目的であれば、新聞図書費としてではなく接待交際費として算入しておいたほうが、後々の説明がしやすくなり、否認

リスクを軽減できます。

 クロ 完全に個人の趣味なのに、こじつけるのはクロ

　とはいえ、やはり特定の趣味の雑誌やスマホアプリは、否認される可能性があります。例えば税理士の私が美容関係の雑誌を毎月購入し、「情報収集のため」と主張するのは無理があります。けれども、美容院やエステのクライアントが多ければ「少しは業界のことを知っておかなければ」となりますし、「今後美容院やエステのクライアントを増やしたいので勉強しているんです」としっかり説明できれば、一部経費としても問題ないでしょう。私が「このゲームアプリは……」と主張した場合も、これと同様です。楽曲を購入した場合も、「お店で流す」というのであれば経費に入れられますが、「自分がスマホで聴く」というのはクロです。業務の実態とその媒体を照合すれば、個人の趣味かどうかは比較的簡単にわかりますよね？　ですから、「やましさを感じる場合は経費に算入しない」という考え方が良さそうです。

まとめ

**情報収集目的の新聞図書費は基本的にOK。
お付き合い目的ならば接待交際費で算入しては？**

切手代、ハガキ代、宅急便の送料は?

シロ　経費にできるが、大量購入の場合はいったん資産に

　切手代、ハガキ代、宅配便の送料……これらは、業務に関連していれ
ばすべてOKです。宅配便を例にとれば、「この服はいらないから実家
に送ろう」という場合の送料はプライベートなのでクロですが、「この書
類は保管しなければいけないが保管場所がないので、一時的に実家へ
送ろう」という場合は業務目的なのでシロとなります。ただし、以下の
「大量購入の場合は経費ではなく資産にする」点には注意が必要です。

　送料関係でよくありがちなのは、切手やハガキやレターパックを購入す
ることで行う"駆け込み節税"。12月頃、「今年は利益が出そうだぞ」と
なったとき、あわててこれらを大量購入して経費に算入し、所得を大きく
下げようとする行為です。

　けれども残念ながら、これらは経費にはできません。なぜなら、切手や
ハガキやレターパックなどは現金と同じという考え方があり、使った時点
で経費になります。まとめて購入した場合、購入した時点ではいったん貯
蔵品として資産計上し、実際に使った時点で経費として算入しなければ
ならない決まりがあるからです。「大量購入」の基準が難しいのですが、
使用予定量の5倍もあれば大量と見なして良いように感じます。

　「使わないと経費にならない。使った時点で経費になる」ので、経費に
ならないというわけではなく、ひとえにタイミングの問題です。12月末時点
で、「使った分」を計算し、その分は経費に、残りは資産に計上すれば
良いだけです。ただ、「毎月これだけを使うので、毎月一定額を買ってい
ます」という場合は例外です。そのような買い方であれば、厳密に考え

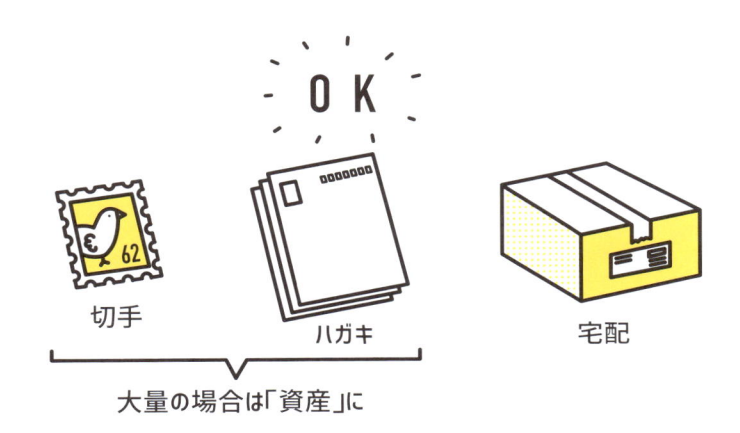

切手　ハガキ　宅配

大量の場合は「資産」に

ず、買った時点で経費算入しても大丈夫です。

✕ クロ　12月の大量購入は、目をつけられやすい

　上記のように切手やハガキやレターパックなどを大量購入し、使っていない分をすべて経費算入してしまうと、クロ判定されてしまうので注意してください。

　通信費に限らず、"駆け込み節税"は、さまざまな業種・業界で行われています。飲食店であれば紙皿や割り箸、文筆関係であれば文房具やコピー用紙……などです。「12月に大量購入した」という履歴は、たとえ業務用であっても目立ち、税務署に目をつけられやすいところです。

　ちなみに、完全にプライベート目的で宅配便を利用したりすれば、それはもちろんクロです。「趣味のものをネットオークションで売買する際、その郵送料を経費に算入していた」「家族に仕送りするのに宅配便をよく使っていた」などがこれにあたります。ついつい紛れ込んでしまいがちなので、気をつけたいですね。

まとめ

大量購入分はまず資産にし、使用分を経費算入。
プライベート目的での使用は、当然ながらクロ。

新事業のために始めた英会話。その費用は?

 **シロ** 業務に直結していれば、研修費の名目で全額経費に

野菜研究家が野菜ソムリエの資格を取得し更新する、ビジネスコーチがコーチング資格を取得し更新するのも、業務に直結しているでしょうから、研修費として経費にできます。

また、「外国との取引をスタートさせるために英会話が必要」「外国人のお客さんが増えてきたので英会話が急務」などで英会話スクールに通う場合の授業料は、個人事業主本人であれ、従業員であれ、研修費の名目で全額経費にできると思います。

また、これから新事業を開始する上で資格取得が必要という場合もOKです。例えば、「今、フラワーアレンジメントに関する事業を展開しているが、そこにアロマトリートメントを組み合わせた新しい事業にしたい。そのためにアロマオイルの資格を取った」などという場合です。実態に即していれば、これも研修費などの名目で経費になります。

今年度に資格を取ったものの、事業を開始するのが翌年度という場合は、開発費としていったん資産計上し、次の年度に事業をスタートしたら、開発費を償却して経費とすると良いでしょう。任意償却(償却期間を自由に決められる)なので、期間は1年でも、5年でも、10年でもOKです。

余談ですが、従業員の資格取得のためにお金を支払う場合は、「個人事業主名や屋号名で支払う」ことが必要です。従業員本人にお金を渡して支払わざるを得ない場合は、個人事業主名や屋号名で領収書をもらうようにしてください。

 クロ 弁護士資格、税理士資格、宅建資格はNG

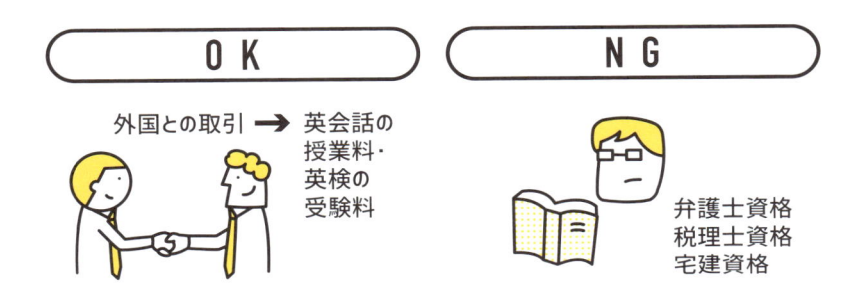

業務に直結しない資格取得は、経費にすればクロとなる可能性があります。「これからは国際化時代なので」「旅行のときに話せたほうが良いから」などの理由で、英会話スクールの受講料や資格試験の受験料を経費にするのは難しいでしょう。また、「これは明らかに個人の趣味でしょう」という資格取得の費用も経費には認められません。

面白いところでは、**弁護士資格、税理士資格、宅建資格も経費にできません。** 私も税理士なので「なぜダメなの?」と言いたい気持ちが強いのですが、「人に付随する資格であり、個人の格や信頼度はアップするものの、業務に必須の資格ではない」という理由から経費にできないのだそうです。ただ、サラリーマンの特定支出控除では「弁護士、税理士の資格取得費用は、会社が認めれば経費にしてよし」ということになったので、今後は個人事業主がこれらの資格を取得する場合も経費として認められる可能性があるかもしれません。

> **まとめ**
>
> **業務関連なら、本人も従業員も全額経費に。**
> **漠然とした理由で経費にするのは難しいです。**

映画や音楽でアイデアをストック。その費用は？

シロ　業務に関連するものは研究開発費

「業務との関連性」がどれだけあるか、に尽きます。まずは、個人事業主本人の場合で考えてみましょう。

例えば、「映画のコラムを書く仕事なので映画を見に行くことが多いんです。その際のチケット購入代は経費になりますか？」と問われれば、研究開発費の項目で経費になります。「音楽関係の仕事をしているのでコンサートに行きました」「舞台衣装のデザインをしているので演劇を観に行きました」なども同様に研究開発費として経費算入してOKです。

これは、スポーツ関係、飲食関係など、さまざまな業種・業界で一緒です。「スポーツイベントのプロデュースをやっていて、人気のあるスポーツイベントのやり方をこの目で見たくて足を運びました」「飲食業界のコンサルタントをしていて、食の祭典イベントに足を運びました」といった場合です。

また、東京ビッグサイトや幕張メッセなどでは、さまざまな展示会も開催されていますが、自分の業種・業界に関連する展示会を見に行く場合の諸費用も研究開発費と言えます。

個人事業主本人の鑑賞などではなく、取引先や従業員の場合となると、少し変わってきます。

取引先に「すごく良いコンサートでしたよ。ぜひ一緒に行きましょう」と誘った場合、チケット代などは接待交際費として算入できます。また、自分自身は行かず、「ぜひ見てきてください」とコンサートのチケットを取引先に渡したとしても、そのチケットの購入代を接待交際費として処理で

きます。

　従業員の場合に関してはどうでしょうか？　例えば、音楽関係の事業を行っていて、従業員に「良いコンサートとはどういうものか見せてやりたい」という場合は、研究開発費や研修費として算入するのが良いと思います。

　それに対して、「日頃の労をねぎらうために従業員をコンサートに連れて行ってやりたい」という場合は「自分たちの業務と音楽が関係あるかどうか？」は気にせず、従業員をコンサートに連れて行き、福利厚生費で算入すれば良いでしょう。ただし、福利厚生費は「全員平等に」が原則なので、従業員全員参加を念頭に置いて計画してください。

✖ クロ　個人的な趣味のものは当然NG

　個人的な趣味だとわかるものは、当然ながらクロとなります。

　私はミュージカルがすごく好きなのですが、税理士の私がいくら「良いミュージカルを見るとプロ意識が触発されて頑張れる」と主張したところで、さすがに厳しいですよね。

> **まとめ**
>
> 研究開発費、研修費、接待交際費、福利厚生費……。
> 誰がどの目的で行くかで科目が変わります。

SNSのネタとしての食べ歩き費用は?

シロ　飲食関係者であれば経費になる

どんな仕事をしているかで、シロとクロが変わってきます。

例えば、食のブロガーなどは、食べたお店の情報を発信することは業務に直結しているので取材費などで経費になります。

飲食店の経営者、飲食店のコンサルタントなども、他店を視察することで良い情報を得たり勉強になったりしますから、研修費などで経費にできます。「ミシュランの星付きレストランのような高額な会計になる場合も研修費になるの?」といった疑問もあるかもしれませんが、トップレベルのお店だからこそ体験できる味やサービスもあり、業務のレベルアップにもなると思いますので、価格は気にしないで良いと思います。

飲食店を多数経営し、自店舗をめぐって食べ歩き、そのようすをアップしているのなら、広告宣伝費として算入できるでしょう。

それ以外の職業で、「食べ歩き」をしてSNSにアップして、食べ歩き代を経費で落とせるとしたら、「取引先の関係者が経営しているお店で、『使ってよ』と言われたので食べに行った」という場合でしょうか。「SNSアップのネタ」としての食べ歩きという主旨からは少しズレまずが、接待交際費として算入できるでしょう。

SNSアップのネタは、食べ歩きだけに限りません。温泉ライターが温泉に行き、フェイスブックなどにアップすれば、交通費や入湯料などは取材費で経費にできます。また、野菜ソムリエがおいしい野菜を育てる畑を見に行き、そのようすをフェイスブックなどでリポートすれば、これも取材費で算入できるでしょう。

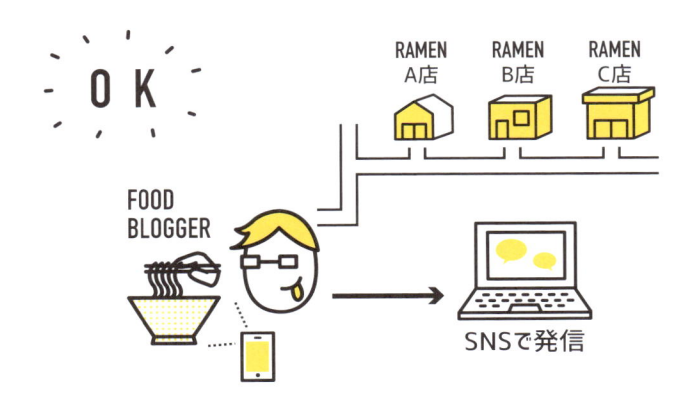

　ただし、ファッションなどは、趣味嗜好の要素が強いので、「私はファッションブロガーだ」と主張しても、購入した洋服代を全額経費にはできません。ブロガーとして生計を立てている場合であってもプライベートで着る服は「半分経費、半分家事費」などに按分し、業務に要した部分のみを経費としましょう。

✕ クロ　リア充目的の投稿は、残念ながら家事費

　飲食店関係の人間が勉強や刺激のために食べ歩く場合でも、==何度も何度も同じお店に通っていれば「単にそのお店が好きだから通っているだけなのでは?」と判断され、経費として否認される可能性があります。==

　また、リア充アピール目的でのＳＮＳアップも、当然ながら経費にはできません。「今日は朝から頑張った。ひと仕事終えて昼間からシャンパンで1杯やっています」といった投稿をたまに目にします。個人のブランディングに寄与するのかもしれませんが広告宣伝とは見なされず、家事費として処理するしかありません。

> **まとめ**
>
> **業務に関連していれば経費になります。**
> **個人の趣味が入り過ぎると否認されることも。**

この先1年分の
年間購読料は？

 **クロ　年をまたいでいるのに全部入れたらクロ**

「新聞や雑誌の1年分の年間購読料を払う」というのはよく行われることかと思います。しかし、1年分まるまる入れていいのかといえば注意が必要。「12月31日まで」と「1月1日から」で分けて考えなければならないからです。例えば、10月に1年分の購読料を支払ったとしたら、その年の経費に入れられるのは10月、11月、12月の3ヵ月分だけ。それ以降の9ヵ月分は翌年の経費にしなければいけません。短期前払費用ですが、「物を買う」ということに関しては、対象にならないのです。

　クロの項目で語っていますが、誤解していただきたくないのは、「経費にならない」わけではなく、「その年の経費にはならない部分がある」、つまり「翌年以降で経費になる」ということです。新聞や雑誌の定期購読をしている人は多いと思うので、注意喚起のために敢えてクロとして説明しました。

 シロ　サービスの場合、要件を満たせばOK

　ただし、特例はあります。次の4つの要件を満たせば、「1年分全額を払った年の経費にしていいよ」ということになります。その4つとは、「一定の契約に基づいていること」「継続性があること」「役務の提供を受けるための支出であること」「支払った日から1年以内に提供を受ける役務に係るものであること」です。

　少し難しい言葉なのでわかりやすく解説します。「役務」とはサービ

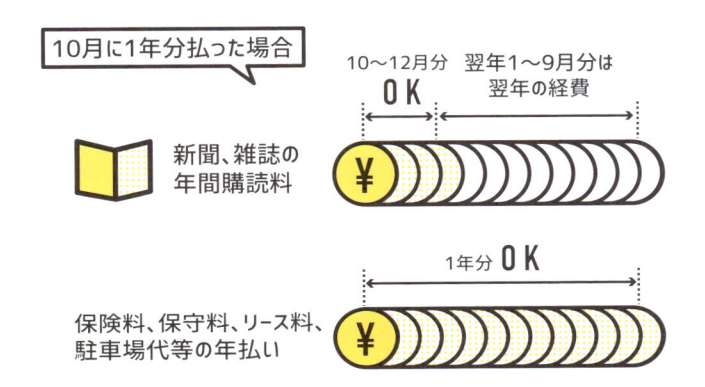

新聞や雑誌は物なのですが、対してサービスとは保険料、保守料、リース料、駐車場代、テレビの受信料、サーバー使用料などを指しています。こういった一定のサービスに対して支出した費用のうち、12月31日の時点で提供を受けていなくても、**支払った日から1年以内に提供を受けるものに限っては、全部その年の経費として良いのです。**

　火災保険料やPL保険料など、経費にできる保険料（172〜173ページ参照）は1年分まるまる経費に算入できます。会計ソフトを買って1年の保守サービスに加入した場合も、経費に算入できます。事務所にリースしたコピー機を置いているところも多いと思いますが、リース料は1年分経費に算入できます。駐車場を1年間分先払いしても、すべて入れられます。また、NHKの受信料、インターネットのプロバイダー使用料やサーバー使用料なども、前払いした場合は一括算入できます。

　なお、税理士報酬や弁護士報酬などの顧問料は、たとえ1年分を前払いしてもすべてを経費にできません。どうやら「月ごとに受けられるサービスの質量が変わる（月によって仕事の内容が変わる）」というのが理由のようです。

まとめ

新聞や雑誌の年間購読料は注意が必要。
保険料、保守料、リース料、駐車場代などはOK。

ウェブ広告代、ポスティング代は?

シロ　基本的にすべて経費にできる

　シロですが、算入時期は注意が必要です。例えば、Yahoo!JapanやGoogleなどポータルサイトのクリック広告や、ネット検索の際に上位表示されるSEO対策。クリックされた分だけ広告費として支払えば良く、費用対効果がわかりやすいので、利用している個人事業主も多いのではないでしょうか。これらは前払いという支払方法が主流であるために、経費として算入する金額には注意が必要です。

　==経費にできるのは「12月末までに消化した分だけ」です。==前払いで10万円支払い、このうち3万円だけ広告費を使った（消化した）場合、3万円だけを広告宣伝費として算入し、残りの7万円は資産として計上する必要があるのです。いくら消化したかは、広告会社から明細を取り寄せればわかります。

　新聞求人広告費についても、上記と同じ考え方をします。例えば、求人広告費を12月末までに支払い、1月の新聞に掲載予定だとします。その求人広告費は、今期は資産として計上し、来期の経費とするわけです。

　ポスティングチラシも、「12月末までに使った分だけ」を経費に入れるのが妥当です。10万円分印刷して7万円残っている場合は、3万円分を広告宣伝費として、残り7万円分は貯蔵品として資産計上します。

　余談ですが、「広告宣伝費」とは、「不特定多数の人に対するもの」を指します。特定の相手に配るものは「接待交際費」のほうがふさわしいです。社名を入れたカレンダーを年末に配る場合、「この窓口に来て下さった方全員に配ります」だったら広告宣伝費で扱うのが妥当、「得

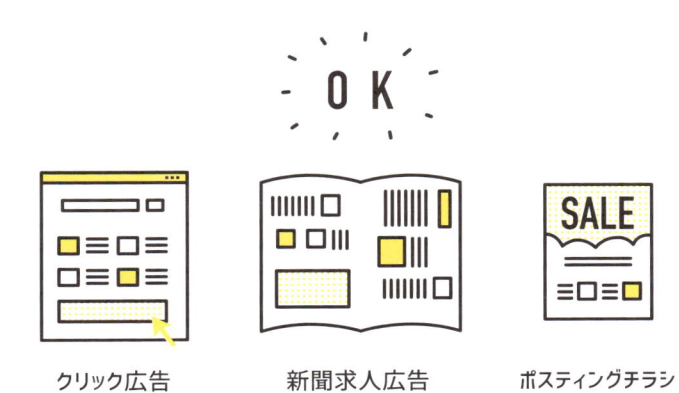

クリック広告　　　　新聞求人広告　　　ポスティングチラシ

意先訪問の際に配ります」だったら接待交際費で扱うのが妥当です。

　12月末は、非常に忙しい時期ではあるものの、棚卸しをして、「使った（経費にできる）」「使っていない（経費にできない）」を整理しなくてはいけない時期でもあるわけです。これは法人でも一緒で、決算期末（個人事業主の12月末にあたる）は、事務用品などさまざまな備品を数えたりします。なお、飲食店などは、よりこまめに毎月末に食材などのみでなく、紙皿や割り箸などの備品を数えたりするところも多いようです。

　ちなみに、「もう古いから捨てた」というものは、すべて経費にできます。古いチラシや昨年のカレンダーなどを捨てた場合、除却損あるいは廃棄損、少額であれば雑費などの科目で算入すると良いでしょう。

✕ 無理のある"広告"はクロ

　ブランドバッグに屋号の入ったキーホルダーをつけて、バッグの購入費を広告宣伝費と主張するのは非常に苦しい説明です。経費算入するなら、キーホルダーの作成費までにとどめておきましょう。

まとめ

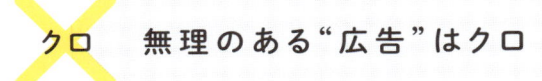

12月末までに消化した分のみ経費になります。
支払残額は、いったん資産計上しましょう。

個人ブログの運営費は？

シロ 「主たる部分が業務」であれば経費にできる

ブログの場合、無料で使用できるものもあれば、年間使用料1万円ほどを支払えばバージョンアップして使用できるものもあります。また、サーバー使用料などもかかります。ここでは、ブログに関わる費用が発生した場合について考えていきましょう。

ここでは、「主たる部分がどっちなのか？」が大事になってきます。

個人のブログとはいえ、主たる投稿内容が仕事に関するものであれば「業務に関連する」と見なして良いと思います。広告宣言費として算入できるでしょう。例えば、リフォーム業を営む人が「展示会に行って、とても良い壁材を見つけました」「私どもが手がけると、このような素敵な仕上がりになります（クライアントの許可を得て撮影しています）」などの投稿が大半を占めていれば、それは経費として算入してもおかしくありません。業種・業界にかかわらず、「主たる部分が業務の内容」であれば良いのです。

また、業務が5割、プライベートが5割でどちらとも言えないような場合は、按分して半分だけ経費算入すると良いのではないでしょうか。

ちなみに、事業の紹介HP、問合HP、見積HPなどにかかる諸費用は、全額経費となります。

クロ 「たまに業務のことを投稿する」はクロ

ところが、個人の趣味の投稿で、たまに業務関連のものが投稿される

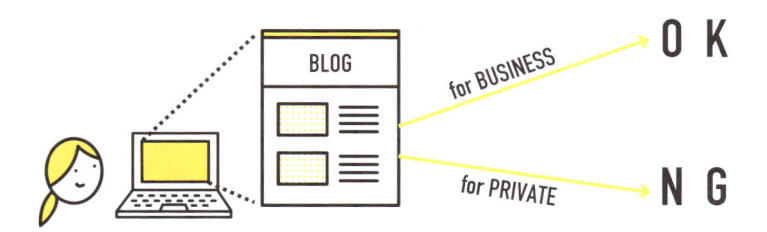

という場合は難しいと言えます。例えば、釣りが趣味のためほとんどは釣果を示す投稿で、1年に数回だけ「年末年始は28日〜3日までお休みします」というものを投稿している場合などです。このように「主たる部分がプライベート」の場合は、按分せず、家事費として扱ったほうが良いでしょう。

column ブログやSNSにアップする内容、要注意！

税務職員は、意外とブログやSNSをチェックします。

仮にあなたが接待交際費として算入している食事代があったとします。その日付であなたがブログに「今日は仲の良い友達とディナー」とアップしていたとします。それが動かぬ証拠となり、「接待交際費ではなく、家事費ですよね？経費になりませんよ」と否認される可能性があります。

あるいは、あなたが接待交際費として算入したゴルフ代があります。その日付であなたが「今日はゴルフスクールのみんなとコンペ！　楽しかったなあ」などとアップしていれば、これも「経費にはできません」と否認される可能性が高くなります。ブログやSNSは、ついつい気が緩むだけに、注意しましょう。とは言っても、この本を読んでいる方は、こんな家事費は経費にしていないと思いますが……。

まとめ

「主たる部分がどちらなのか？」が重要。
ブログやSNSは動かぬ証拠！ 注意が必要。

異業種交流会への参加費は?

シロ　業務目的であることが明らかならOK

　異業種交流会、名刺交換会など、名称は違いますが、こういった集まりはいろんなところで開催されていますから、参加したことのある人も多いでしょう。「仕事上の人脈を広げたい」「自社の商品やサービスを売り込みたい」などの業務目的で参加するのであれば、参加費はもちろん接待交際費や広告宣伝費で経費にできます。

　異業種交流会よりもさらに組織だった形で、異業種交流組織というものもあります。1つのグループを形成し、定例ミーティングで交流を重ねていきます。全国に組織があり、入会している個人事業主も多いようです。こういった組織に参加するための**入会料や月会費なども、業務のためであるなら、接待交際費あるいは販売促進費で算入できると思います。**

　参加する側でなく、開催する側であっても同様です。「取引先さん同士の交流を深めてもらうために異業種交流会を開催した」という場合は、明らかにビジネス目的なので、開催にかかった諸費用は接待交際費や販売促進費で算入できます。

　業務目的であることが明らかであれば、何の問題もありません。

クロ　目的が社会貢献の場合はクロ判定も

　ただ、「本当に業務目的なのか?」といった点があいまいだと、クロ判定となってきます。

　例えば、趣味のオフ会に参加したとします。「取引先に誘われて自分

OK　異業種交流会

も参加した」ということであれば接待交際費として算入できますが、「単に自分が好きなので参加した」ということであればクロ判定となります。

　また、「将来的にビジネスになりそうだ。でも、今はどうなるかわからない」という場合もあります。例えば、「自分が新規事業としてイメージしている事業に関連する人脈を得られるかもしれない」といったパーティーです。「かもしれない」の要素が多い場合は、50％だけ研究開発費で算入し、50％は自己負担するなど、自分なりの基準を作って按分したほうが賢明です。

　ちなみに、異業種交流組織と同じように、自分と違う業種・業界の人と交流できる場ではあっても、青年会議所のように社会貢献が主目的である場合は、入会費や会費が経費として否認されるケースもあるようです。これは、税務署から「売上アップなどの業務目的ではなく、あくまでも一個人として、社会貢献のために参加しているんでしょ？」と判断されるためです。

　また、異業種交流会とうたいながら、実際は家族や友人とのパーティーだったというのも、当然ながらクロです。

まとめ

接待交際費や広告宣伝費などで経費にできます。
ただし、業務目的以外となるとクロです。

子供の成長がアイデアの源。オモチャ代は？

✕ クロ　家族に対する経費の適用範囲は狭い

　そのオモチャが「自分の子供のため」となると、残念ながらクロです。

　本書でこれまで何度も述べてきましたが、個人事業主の場合、自分と家族に対する経費の適用範囲は非常に狭いのです。「原則、家族のために使ったお金は一切経費にならない。いくつかの例外があるだけ」と覚えておいてください。「これは家事費なのではないですか？」という部分は税務署にいちばん見られるところなので要注意です。

　「では、教育関連事業を営んでいる場合はどうなのか？」という人もいるかもしれません。自分の子供でまず"試し遊び"させてみて、反応が良かったら本格的に導入したい。その場合のオモチャ購入代は、研究開発費になるのでは——というものです。けれども、これも経費にはなりません。家事費と見なされてしまいます。

　同様に、「塾をやっています。子供を他の塾に"視察"させるために通わせています」という場合の塾代も、「工場を経営しています。自分の跡を継がせるために子供を工業高校に行かせました」という場合の学費も、個人の教育費なので経費にはなりません。「夏休みに仕事をしなければならないので、子供をサマーキャンプに行かせました」のキャンプ代も当然ＮＧですし、「子供には横で静かにしていてもらいたいので、本を買いました」の図書購入費も残念ながらＮＧです。

○ シロ　本格"YouTuber"は一部経費に入れられる

　上記のクロを踏まえ、例外的なシロを説明していきます。

　教育関連事業を営んでいる人は「自分の子供以外の、他の子供達が楽しむため」という目的であれば、業務に関連するものと説明できます。たとえ大勢の子供達の中に自分の子供が交ざっていたとしても、あまりとやかく言われないと思います。

　また、最近では、YouTubeなどで子供とおもちゃで遊ぶようすを動画にアップし、いわゆる"YouTuber"として仕事をしている人もたくさんいますよね。「これを主たる業務としてやっています」というのであれば、おもちゃ購入にかかった費用は、一部を撮影費として算入しても良いと思います。ただし、按分する際の割合は、かなり低めにしたほうが良いでしょう。例えば、入れるとしても10％程度でしょうか。「撮影のあとは当然プライベートで遊ぶでしょ？　撮影にかかった時間よりも、かなり長い時間遊べるでしょ？」と容易に想像できてしまうからです。

　ちなみに、「取引先さんにお子さんが生まれた」あるいは「従業員に子供が生まれた」という場合は、**お祝いにおもちゃをあげたら経費にできます。**取引先なら接待交際費、従業員なら福利厚生費となります。

まとめ

例外的な場合はいくつかあるものの、自分と家族に対するものは基本ＮＧ。

集客のための 無料試食会の費用は？

シロ　材料費や人件費など、すべて経費になる

　例えば、スーパーや催事などに出店したとします。店頭試食用に用意した分も、当然経費にできます。この場合は、自分の商品を広く知ってもらい販売するのが目的なので、広告宣伝費や販売促進費として処理します。

　あるいは、レストランが新メニューを開発したいと考えていたとします。常連さんを招いて味見してもらい、意見をもらう——そのためにかかった材料費、人件費、消耗品費などの費用はすべて経費にできます。**新メニューを開発するための費用なので、研究開発費として処理します。**

　「無料」とつくものは、飲食のケース以外にもたくさんありますよね。保険代理業の方が開催する無料セミナーも、その1つです。この開催に関わる会場代や機材のレンタル代、資料のプリント代、お弁当代、人件費などの費用もすべて経費にできます。セミナーを開催することで参加者と人脈を作り、顧客の開拓をしていくのが目的ですから、販売促進費や広告宣伝費として算入すると良いでしょう。

　また、美容院やエステ、ネイルサロンなどが「1回無料でお試し」といった形でキャンペーンを打つことがあります。この場合にかかるチラシの制作料、ウェブサイトの制作料、チラシを配る人の人件費などは、すべて経費として算入できます。不特定多数の人間を対象にした、新規顧客の開拓を目的としたキャンペーンなので、販売促進費や広告宣伝費にあたります。

　ちなみに、「日頃お世話になっている取引先さんを招いて『無料試食会』を開催しよう」という場合は、販売促進費や広告宣伝費ではなく、

接待交際費のほうが適しているかもしれません。

❌ クロ　家族や友達はＮＧ。個人の趣味もＮＧ

　上記のように、業務に関連しているものであれば経費にできるわけですが、対照的に「業務外」と見なされるものはクロとなります。

　まず、無料サービスを受けるのが、家族や友人であれば当然経費にはできません。「昔からの友達をたくさん招いて、普段から自分の飲食店で出しているものを無料で提供した。これを『お客様に対する無料サービス』ということにして経費に算入してしまおう」などと考えてはいけません。

　また、明らかに個人の趣味でやっていること、例えば本業は士業なのに、「週末は趣味でよくバーベキューをやっている。キャンプ場に一緒に行った友人たちに喜んでもらいたくてお肉を振る舞った。だから材料費を経費にしたい」などは、その理由はどうあれ、当然ながらクロと判定されるでしょう。

> **まとめ**
>
> **業務に関連するものは、すべて経費になります。**
> **個人的（相手が家族や友人、趣味目的）費用はクロ。**

お昼の飲食費は？

 **取引先や従業員はOK。
友人や家族も場合によってはOK**

　取引先とのランチミーティングなど「会議名目」であればOKです。ただ、領収書やレシートをもらい、「誰と、何について話し合ったのか？」は手書きしておきましょう。また、友人とのランチも、情報交換目的など、仕事に関連するものであれば良いでしょう。

　従業員とのランチも、比較的認められやすい行為です。「いつもと違う場所でリラックスした状態で意見交換をする」「事務所やお店では話せない内容の会議をする」といった明確な目的があれば、その食費に限っては会議費として全額経費にできます。

　ただ、これが家族との食事となると、かなり目が厳しくなります。「別に一緒に仕事をしていなくても、ごはんは一緒に食べるでしょ」という解釈があるからです。ですから、「仕事を手伝ってくれている妻と仕事の相談をしながらおそばを食べました」という場合は、取引先との場合よりもさらに明確な証拠を残したほうが良いでしょう。特に「何について話し合ったのか？」などはより詳細に記録しておくほうが無難です。

　余談ですが、法人の場合は接待交際費の上限が設定されており、「1人5000円以下」は接待交際費にしなくてよい（会議費扱い）ので、何人分の食費なのかは重要になります。個人事業主の場合は接待交際費の上限が設定されていないので、気にする必要がありません。

 **なぜ「1人メシ」はダメで
「1人お茶」はOKなのか？**

　食べるという行為は、業務をしていてもしていなくても、人は必ず行います。ですから、食費は基本的に「家事費」と見なされます。その場合、苦しいのは「1人メシ」です。「1人で午後の仕事の段取りを考えながら洋食屋さんでランチを食べた」というのは、仕事をしていたと言えばしていたわけですが、残念ながら認められません。

　ただ、「取引先に行く直前にカフェに入り、コーヒーを飲みながら資料の見直しを行った」など、仕事絡みのカフェ代に関しては、たとえ1人であっても認められる範囲です。なぜ「1人お茶」はOKなのか？　推論ですが、「カフェに入る」というのは、「食事以外の別の目的＝仕事目的で入った」、つまり場所代という解釈ができるからだと思います。

　また、家族との食事も、いくら常に「何時に、どこで、誰と、何について話し合ったのか？」を記録で残したとしても、毎日続くようであれば「そんなに毎日何を話しているのですか？」となり、税務署に疑いをかけられる可能性が高くなります。「個人事業主の場合、家族絡みの経費は疑われやすい」ということは覚えておきましょう。「自分がやましく思う食費は、経費に入れない」という考え方が良いと思います。

まとめ

取引先や従業員は基本的にOKですが、家族や友人は厳しめ。目的によります。

アイデアを膨らませるための旅行費は？

たとえ仕事に結実しなくても証拠があればOK

　経費で落とせるかどうかは、目的によります。「アイデアを膨らませる」という行動が「業務に関連している」と主張できればOKです。

　フリーランスのライターが、雑誌に掲載する文章を書きたくて取材で観光地をめぐったとします。この場合、往復交通費や宿泊費は経費で落とせます。では、「実際は掲載されなかった」としたらどうでしょうか？　これも経費にできるのです。ただし、「実際にそのようなことを考えていた」という企画書など証拠となるものを用意し、保管しておきましょう。

　また、物を販売する仕事をしていて、「ある場所にお店を出したいので視察に行く」といった場合もOK。視察の結果、出店を取りやめたとしても経費にできます。ただし、「視察の結果、思ったよりも需要がなく、経費がこのくらいかかりそうだったのでやめた」といった、視察したからこそわかった結果のレポートを残しておいたほうが良いでしょう。

　仕事と遊びを兼ねた旅行の場合は、「業務上直接必要な日数」と「そうではない日数」で按分し、直接必要な日数のみ経費になります。ただし、海外渡航の直接の動機が特定の取引先との商談、契約の締結などで、それを機会に併せて観光を行った場合は、その往復の交通費（業務部分のみ）は全額経費でOK、その他は按分します。その他、同業者団体などが主催する海外視察旅行は細かく決められています。

　業務を行った日数が全体の90％以上の場合、全部入れても大丈夫です。90％に満たなかった場合は、損金算入割合を計算します。「50％以上〜90％未満なら、往復交通費は全部入れてOK。宿泊費や現地で

使った費用は業務従事割合で按分（仕事が60％、遊びが40％なら、60％入れる）」「10％以上～50％未満なら、往復交通費、宿泊費、現地で使った費用をすべて業務従事割合で按分」が基本的な考え方です。

✕ クロ　損金算入以外の部分を入れるとクロ判定に

仕事と遊びを兼ねた旅行の場合で、損金算入割合が10％以下なら、さすがに仕事とは見なされず、クロとなってしまいそうです。

なお、<mark>個人事業主の場合、自分の食事は経費にできません。</mark>上記で「旅費は経費にできる」と言っていますが、これは「食費をのぞく」です。ただし、「食事代の話」（102～103ページ）でも述べましたが、「取引先や従業員と食べた」などの場合は、会議費として経費にできます。また、「1泊2食付き」の宿泊プランは、宿泊費と食費を明確に分けられないので、すべてを宿泊費として算入しても差し支えないと思います。

「業務と関係のない家族と一緒に行ってきました」という場合、全員分を経費にするとクロ判定。算入して良いのは、自分の業務行動だけです。

> **まとめ**
> 遊びを兼ねた旅行の経費は業務割合で異なります。
> 1泊2食付きは個人事業主にオススメのプラン!?

視察旅行での交通費、宿代、食事代は？

 **シロ** 「交通費と宿代はOK、食事代はNG」が基本的な考え方

視察旅行の場合、個人事業主本人に関しては「旅費交通費と宿代はOK、食事代はNG」という考え方が基本にあります。**交通費と宿代は、「そこで業務を行うのに必要なお金」と見なし、食事代は「そこで業務を行っても行わなくても食べるでしょ」と見なしている**わけです。

ただし、食事代を経費に入れても妥当な場合がいくつかあります。まず、「取引先と打ち合わせを兼ねて食べましょう」となれば、接待交際費や会議費としてOKです。また、飲食店をやっている人が、「視察旅行の一環として、現地の人気店に入って食べました」というのは、業務に直結していると見なされるのでOKです。ただし、そのお店で食べて感じたことなどはメモにして残しておいたほうが良いでしょう。また、104〜105ページの「旅行の話」の項目でも触れていますが、宿の「1泊2食付きプラン」は、どこまでが宿泊代でどこからが食事代か明確に区分できないので、宿泊代として全額処理しても良いと思います。

これが、従業員の場合は、旅費交通費、宿泊費はもちろんのこと、食事代に関しても、緩やかになります。「出張せず、いつものように仕事をしていれば、家族がお弁当を作ってくれるかもしれない。なのに、別途視察旅行に行ったために余計な出費をしなければならない」という見方があるようです。では、従業員には、どのように食事代を出すと良いのでしょうか？　一般的には「出張手当」として支給するケースが多いと思われます。これは、旅費交通費として経費に算入できます。金額は、従業員の肩書きなどで変わってくるかもしれませんが、1日2000〜5000円程度が妥

当でしょう。その都度金額を決めるのではなく、あらかじめ「この場合は
いくら支給する」という出張規定を作成しておき、その規定に基づいて
支給する必要があります。

✕クロ 「業務がおまけで家事費がメイン」はクロ

103ページでも述べていますが、「自分1人で食べたお昼代」に関し
ては、家事費と見なされてクロ判定されます。

また、「業務がおまけで家事費がメイン」なのに、それを「視察旅行
です」と主張すれば当然ながらクロ判定されます。実際、平成8年の判例
で、「妻の実家に行くついでに、得意先に持っていくお歳暮を購入した。
そのときの高速代は認められない」というものが残っています。

また、視察旅行に家族を同行し、「家族分の旅費や宿泊費もすべて
経費に」は当然クロとなります。入れられるとしても、自分の旅費や宿泊
費だけです。ちなみに、家族旅行であっても、取引先に買ったお土産代
は接待交際費として経費にできるのでご安心を。

まとめ

従業員の食事代は、出張手当で経費に。
家族旅行＝視察旅行の説明は無理があります。

カフェで会議。
コーヒー、ケーキ代は？

シロ　会議費で算入OK。少々のお酒もOK

　カフェで打ち合わせというのは、よく見かけるワンシーンです。税理士として業務を行ってきた経験からも、カフェでの飲食代を会議費として算入し、税務署から突っ込まれることはあまりないように思います。

　取引先などと一緒に入ってコーヒーやケーキを味わいながら打ち合わせをした場合は、当然OK。会議費として算入できます。ちょっとしたアルコールが注文できるカフェもありますが、そういったアルコール代も、飲み過ぎない範囲であれば、これも会議費として算入して問題ありません。

　1人でカフェに行った場合ですが、そこで仕事をしたのなら、お茶代くらいはOKだと思います。

　また、従業員と入ったカフェ代もOKです。「シフトのことなので、他の従業員がいる事務所の中で話せない。カフェに行って話をしよう」などということは自然にあり得ますよね。ただし、その場合は、誰と行ったのかを、領収書やレシートの余白や裏にメモしておくようにします。

　気をつけたほうが良いのは、一緒に働いている家族とのカフェ会議です。例えば、「奥さんと打ち合わせをした」などという場合は、何について話したのかくらいはメモとして残しておいたほうが良いでしょう。とはいえ、毎日というくらい頻繁に通っているとさすがに目立ち、「ただお茶しているだけなのでは？」と言われてしまうかもしれませんね。

クロ　プライベート目的のカフェ代はNG

　ただし、いくつかのクロは存在します。まず、「1人で食事をしました」というのはクロです。102〜103ページの「食事代の話」のところでも触れましたが、「仕事していなくても摂るでしょ」という考え方があるからです。また、友人と遊び目的で入ったカフェ代は、クロです。また、子供とプライベート目的で入ったカフェ代もクロです。**他の多くの項目と同じように、「業務目的ならシロ、プライベート目的ならクロ」**なのです。

102〜103ページ

column 帳簿の摘要欄に書き込みをする

　経費として正しく認められる工夫の1つとして、「接待交際費や会議費は摘要欄に誰とどんな目的で行ったか書いておく」というものがあります。青色申告では帳簿をつける義務がありますが、その帳簿には「摘要」という欄があります。本来は、どこに払ったかを書く欄なのですが、そこに「○○さんとシフトについて打ち合わせ」などと書いておくのです。後日、税務署や金融機関がそういった記載を目にすることがあった場合、「この人は非常にしっかり経費管理をしている」という印象を与えられます。領収書やレシートに書いておくのでももちろんOKですが、可能ならば帳簿の摘要欄に書くことをオススメします。

まとめ

業務絡みのカフェ代は、基本的にOK。
単なる1人休憩のカフェはクロです。

3時のおやつで仕事の効率化UP!この費用は?

 **クロ** 「1人で」あるいは「家族と」は、経費にできない

「自分1人で仕事をしていて、3時になったのでおやつを食べよう」というときのおやつ代は残念ながらNGです。また、生計を一にする家族が従業員である場合、その家族と一緒に食べるおやつ代もNGです。

本書で何度も書いてきているように、個人事業主の場合、1人であるいは「家族と」何かするという場合、経費としてなかなか認められないのが現状です。他人の従業員が1人でもいたほうが、あるいは法人となったほうが、認められる経費が多くなると言えます。

個人事業主の場合、従業員がスポーツクラブに入るのはOK（福利厚生費になる）でも、自分の会費は経費になりません。また、同じ従業員数でも法人になれば、自分も含め全員でスポーツクラブの法人会員になれるわけです。そこは、個人事業主特有の制約と言えます。

 **シロ** 「従業員と」あるいは「取引先と」だったらOK

「従業員がいて、彼らのためにちょっとしたお菓子を買った」というのは、福利厚生費として問題ないでしょう。お茶、チョコレート、飴など、少々のお菓子を買ったところで月額合計でもそれほど高いものにはならず、社会通念上一般的であるといえ、従業員のモチベーションアップには貢献していると思えるからです。

ただし、福利厚生費とするには、「全員が平等」というのが前提条件となります。特定の従業員に「お気に入りなのであげる」となれば、それ

は給与扱いになってしまいます。

　おやつとは少し違いますが、事務所専用として使っている場所に、来客用としてウォーターサーバーやコーヒーマシンを置いている——このときの備品代、水代やコーヒー代なども消耗品費などで経費にできます。ちなみに、自宅兼用の事務所の場合は家庭用で使っている分と業務用で使っている分を按分することになりますが、使用量で分けてみると微々たるものになることがわかり、わざわざ経費として算入しない人も多いようです。

　なお、「個人事業主本人のおやつはＮＧ」とこの項の冒頭で書きましたが、「3時に取引先で打ち合わせがある。そこに、自分も食べる分を含めておやつを買っていこう」と購入した分は会議費になります。

　もちろん、「社内会議の際に軽くお茶をでも飲みながら……」と購入したおやつも会議費です。ただ、本書で何度も繰り返し記載しているように、生計を一にする家族従業員（配偶者など）との会議では、経費にするのは厳しいと言えるでしょう。ポケットマネーで処理するしかありません。

まとめ

自分や家族のおやつは、残念ながらクロ。
従業員のおやつ、取引先のおやつはシロ。

残業時に注文した
ピザ、まかないめしは？

 **「1人で食べた」は、残念ながら家事費扱い**

「自分1人で残業時にまかないを食べた」と言っても、残念ながら家事費となり、クロ判定です。もちろん、家族従業員である配偶者と2人で……もクロです。

シロ **従業員分はOK。
ランチ代の一部補助も可能**

ただし、従業員がいる場合は、福利厚生費となります。<mark>「残業時の食事代は課税しなくて良い」と国からの通達で決められているのです。</mark>

残業時に従業員のために「お寿司の出前を取った」「ピザをデリバリーした」といった場合は、すべて経費にしてOKです。従業員が10人、自分が1人、11個のお弁当を頼むと、厳密に言えば自分のお弁当を除いた10個分が福利厚生費になります。ただ、ピザのように分けられないものであれば、それは自分が食べた分も含めて一括で経費算入して良いでしょう。ですので、慎重を期すなら、ピザなどのようにみんなでシェアできるものを頼んだほうが良いと思います。

また、残業の途中に「みんなでご飯を食べに行こうか？」というときの飲食代、「何か作って食べようか？」の材料費も福利厚生費に算入して大丈夫です。

ちなみに、「何か食べて来なよ」とお金を渡したまま、おつりと領収書をもらわないと給与となり、源泉徴収して納付する必要が出てきます。<mark>おつりと領収書をもらうことで福利厚生費になる</mark>ので、注意してください（従

NG

自分1人で
残業

PIZZA

業員への出張手当は、領収書やおつりがなくても福利厚生費として算入できます。ただし、出張規定はしっかり作っておきましょう）。

　残業とは何を指すか、なのですが、これは従業員とどのような労働契約を結んだかによって変わってきます。例えば、「休憩をはさんで8時から17時」で契約を結べば、17時以降は残業時間になります。事業の規模によってはそういった就業規則を労働基準監督署に届け出たはずですので、あらためて確認しておくと良いでしょう。

　余談ですが、残業時間ではないものの、毎日のランチ代を補助することも福利厚生の一環で可能です。ただし、要件が2つあり、どちらも満たさないと給与になってしまいます。要件1は「従業員が半分以上負担していること」、そして要件2は「1ヵ月あたり3500円以下（税抜き）までの支給であること」です。

　毎日のランチ代を補助するため、最近では飲食目的にしか使えないバウチャークーポンを従業員に支給しているところも多いようです。コンビニやレストランチェーンなどで利用できるため、従業員の満足度も高そうです。

まとめ

残業時の夜食は、従業員がいる場合は福利厚生費。
お金を渡し、おつりと領収書をもらわないと給与に！

仕事仲間との旅行は？

 シロ ## 費用をこちらで負担すれば、接待交際費として算入可能

　従業員は、雇用契約を結んでいる相手。彼らには、「給与」という名目で仕事の対価を支払っているはずです。それに対し、従業員としてではなく、仕事を手伝ってくれている相手には「外注費」という名目で仕事の対価を支払っていますね。いくら毎日のように一緒に仕事をしている関係であっても、関係としては「外の人」ということになります。

　では、そんな彼らと一緒に旅行に行き、彼らの旅行費を個人事業主が負担した場合はどうなるのでしょうか？　例えば、大きなプロジェクトを一緒にやり遂げ、「お疲れ様！　打ち上げ旅行にみんなで出かけよう。費用は私が持ちましょう」という場合です。これは、自分の旅行費用も含めて、接待交際費として経費にできます。

　ただし、「旅費交通費は各自負担で」となると、少し説明が必要になるかもしれません。「プライベート旅行を、仲の良い仕事仲間としただけなのでは？」という解釈が生まれてくるからです。「旅先の飲食店を一緒にたくさん視察し、新しい事業アイデアを練ってきた」など業務目的であることを明確に説明できると、それぞれの負担であっても、研究開発費などの名目で経費に算入できるのではないでしょうか。

　また、自分自身は行かず、仕事仲間だけを行かせるという場合もあると思います。例えば、「旅行券を用意したので、みんなでどこか打ち上げ旅行に行ってきてよ」という場合です。この旅行券代も、接待交際費として経費算入できます。

　ちなみに、仕事仲間ではなく、従業員のための旅行だったらどうでしょ

うか？　これは福利厚生費になります。ただし、「全員参加資格があること」「実際の参加者が半数以上であること」「4泊5日以内の旅程であること」が条件になります。また、個人事業主本人や家族の分は経費になりません。なお、来られなかった人に「代わりに旅費分のお金を渡そう」とすると、その分は給与と見なされ、個人事業主は源泉徴収して納付する必要が生じ、従業員は所得税や住民税が増えることになります。

✕ クロ 愛人との旅行などは、すぐにバレてしまうもの

　友人や家族など、業務に関係ない相手との旅行を接待交際費で処理しようとするのはクロです。愛人との旅行などは、すぐにバレてしまうので要注意です。

　また、いくら接待や慰労を目的とした旅行であっても、旅費があまりにも高ければ「これは何ですか？」と疑われる可能性が高くなります。やましい気持ちが生まれるものは、経費に入れないようにするのが賢明です。

> **まとめ**
>
> **仕事仲間とは接待交際費、従業員とは福利厚生費。**
> **友人や家族との旅行、高額な旅行はクロ。**

1年を締めくくる
忘年会は?

 **シロ** 取引先なら接待交際費、
従業員なら福利厚生費で算入できる

　新年会、忘年会、暑気払い、祝勝会……業務に関連していて、妥当な金額であれば、すべて経費になります。

　まず、取引先などとの宴会。これは、接待交際費で算入できます。例えば、新年会。二次会、三次会……と延々と続き、<mark>取引先の分もすべて自分が持ったとしても、自分の飲食代も含めて接待交際費で算入できます。</mark>

　あるいは、自分の手がけた商品が賞を取ったとします。その商品の開発に携わった関係者を招き、感謝の気持ちを伝える祝賀会を開いた——といった場合、1人数万円程度の予算であれば、会場費やケータリング代などの諸費用も問題なく全額経費にできるでしょう。

　では、従業員との宴会はどうでしょうか?　新年会、忘年会、暑気払いなどの場合、全員に声をかけ、大半が参加し、1人1万円以内程度の予算であれば、福利厚生費でOKです。ただし、自分の分は経費にできません。また、二次会、三次会の金額を個人事業主が持った場合、それらを福利厚生費にするのは難しそうです。二次会以降の分は、接待交際費とするか、経費とせずポケットマネーで処理するほうが良いと思います。

　また、ある従業員が受賞し、従業員全員でお祝い会を開催する場合も福利厚生費として算入できます。広告関係の事務所などでは、このようなお祝い会はわりと開催されるのではないでしょうか?　また、「全員平等に」というのが福利厚生の原則なのですが、例えば社内にA、B、Cの3チームがあり、Aチームが受賞したのでAチームの従業員だけで祝勝会をした——という場合でも、福利厚生費として算入できます。

OK

NEW YEAR'S PARTY

　ちなみに、取引先との宴会でも、従業員との宴会でも、「実際は1万円のコースなのだが、3000円だけ会費をもらう」など「気持ちだけお金をいただく」というケースがあります。この場合、残額の7000円×人数分を負担したことになるので、**負担額のみを経費に算入します。**

　また、宴会の時に記念品を贈呈した場合ですが、数千円程度であれば問題なく経費にできます。取引先ならば接待交際費、従業員ならば福利厚生費です。ただし、従業員に商品券やギフトカタログを渡すと給与と見なされ、個人事業主は源泉徴収して納付する義務が生じます。

✕ クロ　豪華な宴会が否認されたケースも

　あまりにも高額な宴会は、目をつけられやすくなります。いくら取引先の宴会とはいえ、接待交際費が膨大になれば目をつけられます。過去には、従業員に1人5万円程度の豪華な宴会を催した個人事業主が福利厚生費として算入したところ否認されたケースもあります。また、家族や友人など、業務目的以外の相手との宴会は当然ながらクロです。

> **まとめ**
>
> ### 宴会の費用、会場費、ケータリング代、記念品代などが経費算入OKです。

お客さんになって くれそうな相手との 食事代は？

 上限なく算入できる。 見込客であっても算入できる

　これはOKです。法人の場合、資本金1億円以下の中小企業は年間800万円まで、資本金1億円超の大企業は一部飲食代を除き接待交際費にできないのに対して、個人事業主は接待交際費枠の上限はないのです。

　ちなみに、実際の取引が発生していない、いわゆる見込客であっても接待交際費で算入できます。「この人は良いお客さんになりそうだ」ということであれば、会食の際に奮発するでしょう。たとえ結果として取引につながらなかったとしても、それは接待交際費にして良いのです。

　なお、法人税措置法には「接待交際費の意義」が記載されています。個人事業主が関係する所得税措置法には特に記載がないので、法人税措置法の概念を参考とすると良いでしょう。次ページに記載しておきます。

 **業務と無関係の人を"接待"するのはNG**

　わかりやすいクロとしては、家族と食事をしたり、恋人と食事をしたりした費用を取引先と食事をしたことにしてしまうケースです。これは、見る人が見たらすぐにわかるのでやめておきましょう。

　接待交際費は、個人事業主にとって比較的経費にしやすい勘定科目です。とはいえ、「社会通念上」という言葉は大事にしたいところです。相手にいくら接待交際費を使うのかは、相手にいくら売上があるのかで変わってきます。極端な例ですが、「年間の売上が数万円しかない取引先に高級ステーキを頻繁にごちそうし、年間数百万円の接待をしていま

す」というのは、社会通念上おかしいと思われても仕方ないですよね。税務署に疑われても当然です。

また、**あまりにも高価なアイテムを渡すのもクロと判定されるケースがあります。** 例えば、「取引先の社長の奥さんに高価なダイヤモンドのネックレスを贈った」などは、接待交際ではなく贈与と見なされ、ネックレスを受け取った相手が贈与税を支払うことになるかもしれません。

税務署は、膨大なビッグデータをもとに「この業種、業界、業態なら、○○費は通常これくらい」という目安を持っていると言われています。同じ規模の同業と比べて、接待交際費が突出して多ければ、目をつけられる可能性が高くなるでしょう。

<法人税措置法に記載された接待交際費の意義>「交際費とは交際費、接待費、機密費、その他の費用で法人がその得意先、仕入先その他事業に関係ある者等に対する接待、供応、慰安、贈答その他これらに類する行為のために支出するものをいうのであるが、主として次に掲げるような性質を有するものは交際費等には含まれないものとする。」※次に掲げるものとは、寄附金、値引き割戻し、広告宣伝費、福利厚生費、給与等

まとめ

個人事業主に接待交際費枠の上限はありません。ただし、実態と合わない接待は疑われる可能性大。

出張先からの
お土産代は？

 シロ

得意先や仕入れ先、
お客様なら接待交際費として算入できる

誰に買ってきたかで経費となるかどうかが変わってきます。

まず、事業に関係している人についてはOKです。得意先や仕入れ先、お客様などに「いつもお世話になっているから買っていこう」ということで買ってきたお土産代は、贈答品という扱いになるので、接待交際費として算入できます。「近々、会議があるから、その場で皆さんと食べよう」という目的であれば、会議費として算入してもいいかもしれませんね。

余談になりますが、個人事業主の場合、接待交際費か会議費かの区分をそれほど気にする必要はありませんが、「できる限り使用用途に合致した経費算入をする」ということは大事です。税務署に「何でもかんでも接待交際費に入れているのでは？」と疑われる可能性が少なくなりますし、もしも税務調査に入られた場合でもしっかり管理をしていると説明できます。また、後々金融機関に相談するとなれば過去のお金の流れをチェックされますが、その際にも「経費の管理がしっかりできていますね」と好印象を持ってもらえ、融資が下りる可能性が高くなるからです。

次に、従業員がいて、彼らのためにお土産を買ってきた場合ですが、これは福利厚生費として経費に算入できます。ただし、一部の人だけに「これは君たちだけに買ってきたんだぞ」というものは福利厚生費にはできず、その人たちへの現物給与という扱いになり、源泉徴収税額を引いて税務署に納め、もらった側も給与が増えた分だけ所得税や住民税を取られることになります。福利厚生費は、「全員平等に」という考え方がベースとなります。

✕ クロ 「妥当な金額か?」「ふさわしい相手か?」は問われる

まず、自分のために買ってきたお土産。これは明らかなクロです。

家族に買ってきたお土産も同様です。「一緒に仕事をしている妻は、従業員と同じ扱いになるからOKですよね?」と聞かれることがありますが、これもダメ。この場合の妻の立場は、従業員よりも、夫である個人事業主と同じ扱いに近いのです。

また、金額に関しては、「これ以上はダメ」という規定などはありません。ただし、常識的に考えて「妥当な金額か?」「贈るのにふさわしい相手か?」は問われます。海外出張で買った100万円の金製の彫像を、年間50万円しか取引のない相手に贈れば、「愛人の会社か何かですか?」と疑われてもしかたないところです。

ちなみに、110万円以上のものを渡すと、相手に贈与税がかかります。こちら側は寄付とみなされ、経費にできません。それほど高価なお土産を渡すことは現実にはないと思いますが、念のため記載しておきます。

 まとめ

「誰に買ってきたか?」が重要なポイント。 自分や家族のために買ってきたお土産はNG。

ホームパーティーの費用は？

 **シロ** ## 業務に関連するのであれば、接待交際費として算入できる

規模や人数にかかわらず、業務に関連していればOKです。経営者仲間を自宅に招いてホームパーティーをするのが好きな人もいますが、それにかかる諸費用は接待交際費で処理できます。まだ取引は発生していないものの、将来的に取引したい相手を自宅に招いた場合も算入できます。取引先とともに、その家族を招いた場合でも入れても良いと思います。ただし、誰を招待したかはメモを残しておいたほうが良いでしょう。

また、タワーマンションなどの共有施設で開催することもありますが、そこを借りるお金も経費にできます。ホームパーティーではなく、お店を貸し切ってパーティーをした場合も経費にできます。ケータリングなどの飲食代も経費にできますし、お土産を配ったのであればそれも経費にできます。

「材料費だけ出してください」「気持ちだけ出してください」といった形で参加者に一部負担させた場合は、その分をマイナスして差額分を算入してください。例えば、準備に10万円かかり、3万円だけ徴収した場合は、残りの7万円を経費として算入します。

異業種交流会や士業交流会など、人脈作りや情報交換のパーティーを催すこともあるかと思いますが、これも接待のうちに入れて良いでしょう。

ちなみに、従業員を招待したホームパーティーであれば、福利厚生費や会議費として経費算入できます。取引先と従業員を一緒に呼んだ場合は、特に分けずに接待交際費として算入しましょう。

OK

NG

FAMILY

クロ 従業員の家族の分は、福利厚生費にはできない

　クロとなるのは、趣味の仲間や、単なる友人を招いて行ったホームパーティーです。「これは入れたらまずいかな」という気持ちがあるなら、入れないようにしましょう。

　それから、従業員とその家族をパーティーに招いて、その全額を福利厚生費として経費に算入するのはクロです。福利厚生費としてOKなのは、従業員の分だけ。例えば、「1年間頑張ってくれたので、従業員5人とその家族15人（すべて4人家族）を招いて、1人5000円予算のバーベキューパーティーを開催した」という場合、経費に入れるのは従業員5人×5000円分の2万5000円だけです。では、家族15人の7万5000円分はどうすればいいのでしょうか？　2つ方法があります。1つは、従業員5人の現物給与（各1万5000円）として処理します。ただし、源泉徴収して納付する必要があります。もう1つは、自腹です。つまり、家族の分は、ポケットマネーで出すのです。

まとめ

> 潜在顧客とのパーティーでも経費算入可能。
> 趣味の仲間や友人とのパーティーはクロです。

キャバクラ好きの取引先の接待費は？

 **シロ** 取引先と行った飲食代は、接待交際費として算入OK

接待交際費は、接待などをすることにより、業務を円滑に進めるのを目的とした経費です。

ですから、取引先と行ったキャバクラ、クラブなどの飲食代は接待交際費として算入OKです。キャバクラなどにお客さんを連れて行って、会話をしながら「次の件もよろしくお願いします」というのはよくあること。一緒にお酒を飲むことで、業務が円滑に進みます。女性がいるところで男性達は会話の背中を押してもらっている、いわば潤滑油のような意味があると見なされているのです。

また、取引先だけでなく、その場に従業員の一部を連れて行った場合でも、接待交際費になります。「営業の○○くんを伴って、取引先社長を接待した」といった場合が、これにあたります。

金額に関しては、「この人と行った」ということがしっかりメモとして残せるのであれば、金額はさほど気にしなくても良いと思います。実際、業種・業界によっては、キャバクラやクラブでかなりの金額を使います。それほど大きな売上につながっていない相手でも、接待交際費で算入しても否認はされないと思います。ただし、相手先をきちんとメモしておくなどのひと手間はしっかりかけておきましょう。

ちなみに、帰りのタクシー代を取引先に渡した場合も接待交際費になります。現金で渡した場合は、「いつ、どこで、誰に、どんな目的で、いくら使ったか？」がわかる出金伝票を作っておきましょう。タクシーチケットを使った場合も同様です。

✕ クロ キャバクラより際どい風俗は、社会通念上NGの可能性大

　キャバクラよりも際どい風俗のお店に取引先を連れていった場合は、クロになる可能性が高いように思います。個室系の風俗で考えてみましょう。個室なので会話ができないですし、==そもそもそういったお店での接待が社会通念上一般的かといえば、そうではないためです。==それでも経費算入したいのであれば、一緒に行った相手の名前を領収書の裏などにメモすべきですが、それを相手が望むのかはわかりません。

　また、「自分は行かず、取引先だけ行かせて自分はお金を払っただけ」という場合は贈答扱いになると思いますが、社会通念上一般的でないという理由で、同じようにクロになる可能性が高いのではないでしょうか。

　風俗店では、飲食店のような名前で、飲食費として領収書をくれるところも多いので難しいところです。自分が税理士としてお手伝いし、風俗関係であるとわかった場合は、経費に入れられませんと言いますね。

　完全なクロは、プライベート利用の場合。友達と行ったらNGです。

 まとめ

> キャバクラやクラブには、"潤滑油"の役割が。
> 「プライベートで友人と……」は完全なクロ。

協力謝礼としての商品券代は？

 **シロ**　業務協力者に渡すのはOK。
従業員に贈る場合は給与に

　臨時で、少しだけ仕事を手伝ってくれた相手に謝礼を渡したい。けれども、現金で渡すのはなんだか不躾な気がするので、金券を渡すことにしようと思う。そこで、百貨店商品券、クオカード、アマゾンギフト券などの金券を渡す——これは経費になります。取引先など業務関連者に贈った場合は接待交際費となります。

　ただし、注意したいのは、「金券を買った時点では経費にならない」ということ。なぜなら金券は、お金と一緒の扱いとなるからです。「商品券を買いました」の時点では資産のまま、「それを取引先に贈りました」という時点で初めて接待交際費として経費算入できます。

　これは、自分自身で金券を使う場合も同じです。「ギフト券を買いました」の時点では資産のまま、「そのギフト券で備品を購入しました」という時点で、その備品を買った金額だけ消耗品費などで経費算入できるのです。

 **クロ**　金券を換金してポケットに入れるのは
悪質な犯罪

　では、従業員に金券を贈る場合はどうでしょうか？　例えば「勤続5周年のちょっとしたお祝い」などで金券を渡したとします。これは給与と同じ扱いになり、個人事業主は源泉徴収して納付する義務が生じ、従業員は所得税と住民税が増えることになります。

　カタログギフトなど、本人が自由に記念品を選択できる場合も、金券と

百貨店商品券　クオカード　アマゾンギフト券

OK

← 業務協力者

同様に給与と同じ扱いになります。

　なお、旅行券に関しては、旅行券の支給後1年以内に旅行を実施し、事業主に報告書を提出するなど一定の要件を満たせば、給与として課税しなくても構いません。個人事業主の方が従業員に贈る場合は、給与課税の対象とならない少額の記念品や一定の旅行券を贈る方がお互いうれしいかもしれませんね。

　ちなみに、商品券やギフト券などの金券は脱税ツールとして非常に使われやすい性質を持っています。「自分で商品券やギフト券を買い、誰かに贈ったことにして接待交際費として処理をし、それを現金化してポケットに入れる」あるいは「自分で商品券やギフト券を買い、誰かに贈ったことにして接待交際費として処理をし、それで私物を購入する」といった方法です。これらは悪質な犯罪なので、絶対にやめましょう。

　税務署は反面調査という調査を行うことがあります。贈られたとされる相手に「いついつに、○○さんから、×万円の商品券をいただきましたか?」と聞くのです。もしも贈っていなければ、その調査ですぐにバレてしまいます。

> **まとめ**
>
> 金券は、贈った・使った時点で経費となります。
> 誰かに贈ったことにして、懐に入れるのは犯罪。

お中元、お歳暮、年賀状は？

シロ 取引先や得意先に対しては、もちろんOK

お中元、お歳暮は、渡す相手と金額によります。

取引先や得意先は、もちろんOKです。また、「自分が修業させてもらった店舗の主人に贈る」といったケースも、現在の業務に関連していると言えるのでOKです。これらは、接待交際費として処理できます。金額に関しては、「社会通念上一般的である」と考えられれば問題ありません。誰に贈ったのかが明確で、金額が1万円程度であれば、まず何も言われないと思います。

年賀状や暑中見舞いも、業務に関係する相手であれば、すべて経費として認められます。特定の相手に出す場合は、通信費として処理できます。また、キャンペーン登録者など不特定多数の人に宣伝目的で大量の年賀状や暑中見舞いを出す場合は、金額が大きくなることもあり、通常の通信交通費とは区別して、広告宣伝費としても良いと思います。

また、年賀タオルなどを作成した場合も経費になります。取引先など特定の相手に配布すれば接待交際費、店頭にいらっしゃった方すべてに配るなど不特定多数の人に配れば広告宣伝費となります。

クロ 業務以外の相手に贈るとクロになる

ただし、お中元やお歳暮を「友人に贈った」「取引関係が特にない親戚にあげた」などの場合は、クロとなってしまいます。また、仕事上の恩師はOKだと思いますが、学生時代の恩師はNGです。年賀状や暑中

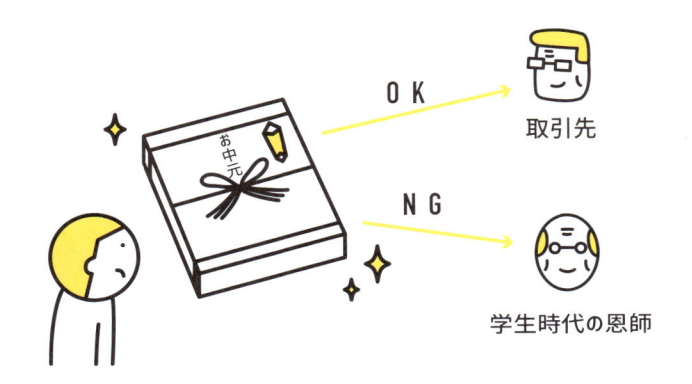

OK → 取引先

NG → 学生時代の恩師

見舞いもこれと同じです。

　また、高額なものを贈れば目をつけられやすくなります。年末に数十万円もする宝飾類などを取引先の奥様に贈れば、税務署の目に止まって「これは何ですか?」と言われてもおかしくないですよね?

目立つことはやらない

　税務調査に入られないようにするには、「目立つことをやらない」というのが大事です。例えば、「面倒だから、家賃も、バス代も、飲食代もすべて『雑費』で経費算入した」としたらどうでしょうか?　雑費は、本来は「レジのお金が紛失してしまった」「お客様に払うときに差額を間違えてしまった」など、区分けした科目に入れられない、少額のものを算入する「その他」の科目です。であるにもかかわらず、すべて雑費で計上すれば、「この事業者は経費が『雑費』しかない。どういうことだ?」と思われます。これが目立つということです。他に、税務調査に入られやすいのは、「前年と比べて急に利益が上がった場合」「同業で同規模の事業者と比べて、経費の割合が大きく異なる場合（他では業務委託費の割合が3割程度なのに、8割程度だった場合など）」「消費税の課税事業者になってから3年目」などです。

まとめ

贈り先が明確で、金額が適正であればOK。
プライベートな相手、高価な贈り物はクロ。

取引先の息子さんの入学祝いは?

シロ　業務上の相手で妥当な金額なら接待交際費として算入OK

　入学祝いや出産祝いなどのお祝い金は、仕入れ先や得意先に渡すのであれば、接待交際費として処理できます。お金であっても、商品券であっても、モノであっても、すべて扱いは一緒です。ただし、相場は意識しましょう。渡す相手にもよりますが、相場は5000円〜1万円ほどではないでしょうか。

　<mark>現金を包んで渡す場合は、「いつ、誰にあげたか?」の証拠を残しておきましょう。</mark>次の2つの方法で記録を残しておくと確実です。

　①出金伝票を書いておく

　②渡す前日などに事業用の預金口座から引き出し、通帳に記帳する。
　　記帳した銀行通帳に、シャープペンシルなどで「誰々さん入学祝い」
　　などとメモをしておく

　出金伝票は、文房具店などで売っていますし、インターネットにアップされている雛型をプリントアウトして使っても良いでしょう。

　また、入学祝いや出産祝いなどのお祝い金を従業員に渡す場合は、福利厚生費として認められます。ただし、ここでも相場は意識しましょう。従業員としての社歴などにもよるかもしれませんが、相場は多くても数万円ほどではないでしょうか。

　ちなみに、私はよく「お祝い金をもらった側は、申告しなければいけないのか?」という質問を受けますが、個人が個人に渡したお金の場合は課税対象になりません。なので、申告はしなくて大丈夫です。法人が個人に渡したお金は、一時所得になり、課税対象です。この場合は、もらった

側は所得として計上します。法人に渡したお金は、個人からであろうと法人からであろうと、法人の収益になります。例えば、ある法人が設立10周年だったので、その法人宛にお祝い金を渡したら、法人は収益として算入しなければなりません。

✕ クロ　たとえ従業員であっても、娘の出産祝いは経費にならない

　贈る相手と金額によって、クロ判定される可能性があります。

　まず、**生計を一にしている家族にあげるのはNGです。** いくら自分の娘が一緒に事業をしているといっても、娘の出産祝いを経費にするのは難しいでしょう。親戚なども「財布が違い、かつ取引先として事業をしている」といった場合に限ります。友人ももちろんNGです。

　非常に高価なお祝いも厳しいでしょう。「取引先の息子さんに、入学祝いとして数十万円の高級腕時計をあげました」は、よほどの理由がないかぎり、高すぎると否認される可能性があります。否認され、贈与と見なされた場合、贈られた相手は贈与税を納めることになります。

まとめ

業務上の相手は経費でOK。記録は残しましょう。
家族や友人へのお祝い、高価なお祝いはクロ。

結婚式のご祝儀など 領収書のないものは？

シロ

接待交際費として算入OK。 案内状を保管しておくとさらに○

　業務上お付き合いのある相手に対する、冠婚葬祭の費用は接待交際費として経費算入できます。お祝いやお悔やみのお花、祝電や弔電なども、接待交際費として算入できます。

　ただし、ご祝儀や香典は現金で渡しますが、相手から領収書はもらいづらいものです。そこで、「いつ、誰のために、どんな目的で、いくら」といったことを記載した出金伝票を作りましょう。

　記録という上でさらに万全なのは、案内状を保管しておくことです。結婚披露宴であれば案内状が届きますし、急な葬儀などではファックスやメールが送られてくることもあります。コピーで十分なので、それらをとっておけば、説明をする必要がなくなります。

　記録の1つとして、手帳をとっておくのも有効。税務調査の際、税務職員は「手帳を見て思い出してください」という場合があるからです。

　ちなみに、現地に行くための交通費も入れて大丈夫です。冠婚葬祭の後に「もう1軒行こう」となった場合、取引先と一緒であれば、業務関連と言えるので接待交際費として算入します。

クロ

礼服・喪服、数珠や袱紗は、 経費にはできない

　祝儀袋や香典袋は経費としてOKですが、礼服・喪服、袱紗や数珠は経費とするのは難しいです。なぜなら、今回だけ身につけるものではないからです。

礼服・喪服　　数珠　　袱紗（ふくさ）

　冠婚葬祭の相手が業務関連ではなく友人や親戚であれば、ご祝儀や香典などは家事費と見なされ、経費にするのも難しいでしょう。

　また、出席する側でなく、開催する側になった際も、家族関連のものを経費にできるかというと難しいでしょう。例えば、「自分の子供が結婚披露宴を開くことになり、そこに取引先を招いた。披露宴にかかった金額は、接待交際費として処理できるか？」というと、これは無理だと思います。

column　慶弔金の基準を作っておくと良い

　慶弔金に関しては、事前に金額基準を作っておくと良いでしょう。例えば、「披露宴の場合、取引先の社長なら5万円、担当者なら3万円、社長の家族なら3万円、従業員なら3万円……」「お祝い金の場合、取引先の社長なら3万円、担当者なら1万円、社長の家族なら1万円、従業員の結婚祝いや勤続祝いは3万円・出産祝いは1万円……」「香典の場合、取引先の社長なら3万円、担当者なら1万円、社長の家族なら1万円……」といった具合です。エクセルやワードで作成し残しておけば、税務署にも説明がしやすく、また、いちいち金額について悩む必要がなくなります。

まとめ

冠婚葬祭費用は、記録を残しましょう。慶弔金の基準を作っておくと便利です。

応接室に置いておくお酒やタバコなどの嗜好品は？

シロ 明らかに来客用で少量なら経費にできる

これは、正直、数量や頻度の問題になると思います。

まず、事務所専用で事業を行っているケースで考えてみましょう。

お客さんに用意した場合から検討します。事務所で「タバコを吸いながらお客さんと打ち合わせをする」「お酒を少したしなみながら打ち合わせをする」ということも考えられなくはないので、**お客様用であれば、少しなら会議費や接待交際費で入れても良いでしょう。**ただし、業務上の来客が実際にどれくらいあり、誰が来たのかちゃんと説明できるようメモは残しておきましょう。

次に、従業員用に用意した場合を検討します。「毎週末の仕事終わりに、従業員に1人1本ビールを手渡し、そのビールを飲みながら今週の振り返りをする」といった程度であれば、福利厚生費や会議費で算入できます。

ただ、「冷蔵庫にビールをいつも補充しておくので、いつでも好きなだけ飲んでいいよ」「事務所の応接室にタバコを常備しておくのでいつでも吸っていいよ」というのは、一般的な福利厚生の範囲を超えてしまい、現物給与として捉えられてしまうのではないでしょうか。福利厚生費にできるかどうか迷う場合は、経費とせず、個人事業主のポケットマネーで処理するほうが良いでしょう。

では、自宅兼事務所のケースで考えてみましょう。

事務所スペースが区切られていて、お客様用であると言えれば、事務所専用の場合と同じように、少しなら会議費や接待交際費で入れても良

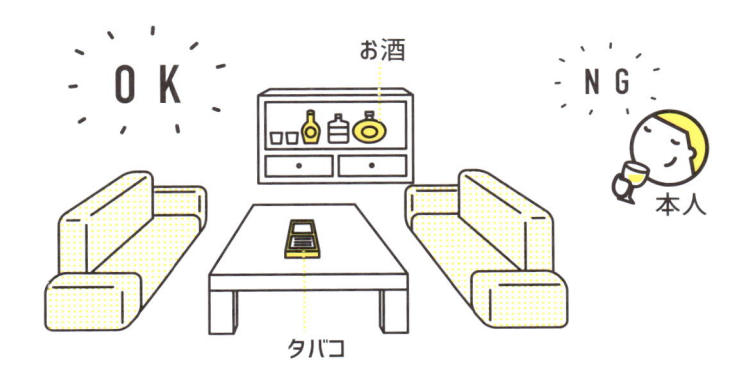

いでしょう。ただし、この場合も、業務上の来客数や来客者などのメモは残しておいたほうが無難です。

✕ クロ　本人が飲んだり吸ったりしたものはNG

明らかなクロは、本人が飲んだり吸ったりしているお酒やタバコを「取引先用」「従業員用」と偽って算入すること。これは家事費にあたります。

また、事務所兼自宅の場合で、事務所スペースがなく、リビングで仕事をしている場合などは、いくら「お酒やタバコはあくまでも来客用」と主張しても否認される可能性は高いでしょう。

この項をここまで読んできて感じるかもしれませんが、お酒やタバコなどの嗜好品は「個人事業主が飲みたい or 吸いたいから購入しているんじゃないんですか?」と疑われやすいということ。「いやいや、そうではありませんよ」という主張をするためにメモなどを残す手間もかかるので、ごく少額であれば経費にしないほうがラクです。

まとめ

頑張れば経費にできる可能性がありますが、
嗜好品は家事費と疑われやすいので注意。

取引先に誘われた ゴルフやダイビングは？

シロ　取引先と一緒に行けば接待交際費

この場合、「誰と行くか？」が境界線になってきます。

ゴルフやスキューバダイビングは、取引先と一緒に行けば接待交際費となります。接待交際費として算入できるのは、行き帰りの交通費、プレー代、食事代などです。帰りに取引先に「これでお帰りください」と手渡したタクシーチケット代も接待交際費として算入できます。

特にゴルフは、大統領と首相もゴルフで親交を深めているくらいですから、人間関係を深める有効な手段として広く認知されていますよね。話しながら歩く時間も長いですし、プレーを見ることで相手の人となりを観察することもできます。平日でも、さまざまな業種・業界の人が、営業ツールとしてのゴルフを楽しんでいます。そういう意味では、実際のラウンドだけでなく、打ちっぱなしの練習も、取引先など業務に関連する人間と一緒に行けば、接待交際費として算入できると思います。

クロ　道具関係やウェア関係はNG

ただし、道具関係やウェア関係は経費にするのは厳しいです。「初めてのゴルフなので、ゴルフセット一式、ゴルフウェア一式を買いました」「今度のダイビングに向けて、ダイビングの機材やウェアを一式揃えました」といった費用は入れられません。これと同じで、「ゴルフセットを借りた」「ダイビングの機材を一式借りた」というレンタル費用も入れないほうが良いでしょう。

GOLF

SCUBA DIVING

　また、ダイビングを楽しむには、ライセンス取得が必要ですが、これも経費にはできません。あるいは、ゴルフの練習。「なんとか本番で恥をかかないよう、個人レッスンを受けておこう」という場合のレッスン代も経費にはできません。

　要は、「当日までに必要な準備にかかるお金は経費に入れない」「取引先と過ごす時間中にかかるお金は接待交際費」と考えると良いと思います。

　最近は、仕事仲間とフットサルチームを結成する人も多いようです。コート代、その後の飲み会は接待交際費でOK。チームユニフォームだけは自分だけで選ぶものでもなく明らかにプレー用なので、接待交際費にしても良いのではないでしょうか。ただ、シューズなどの道具はNGです。

　また、経営者の方にはランニングやトライアスロンも人気のようです。「取引先と大会に出ました」というのであれば、その大会に参加する諸経費は接待交際費として処理できると思います。ただ、道具やウェアなどは、あくまでも私物という判断になるでしょう。

　ちなみに、どんな内容の趣味であっても、本人、家族、友人と楽しむ分は家事費となり、クロ判定されます。

まとめ

当日、取引先と楽しむお金はシロ。
当日までの準備にかかるお金はクロ。

取引先に差し入れした お菓子やお弁当は？

シロ　業務関係者への差し入れやお祝いはOK

取引先など業務に関連する相手への差し入れは基本的にOKです。

例えば、「取引先が展示会の準備で今日は残業するらしいので、従業員分のお弁当を差し入れしよう」という場合などは接待交際費で算入できます。あるいは、「和気あいあいとした打ち合わせにするために、お茶やお菓子を持参しよう」という場合は、会議費で算入できます。

お弁当、サンドウィッチ、お菓子、栄養ドリンク、ケーキ……品目は何であれ、差し入れの目的が接待交際や会議など業務関連のものであれば大丈夫です。例えば、「取引先の100人の従業員さんに1個1500円の高級弁当を差し入れした」となれば15万円になってしまいますが、領収書をもらっておき、「いつ、どこで、誰に、何のために」使ったのかをメモしておけば、金額が大きくても常識の範囲内であれば大丈夫です。

差し入れの概念を少し広げて、お祝いのお花などについても考えてみましょう。

開業祝い、開業10周年祝い、移転祝いなど、取引先の転機を祝う機会も多いでしょう。その際に、お花や観葉植物を贈ったり、お酒を贈ったりすることがあると思います。これらももちろん接待交際費として算入できます。お祝い金やギフトカードでもOKです。

お祝いの際の金額の相場ですが、ランなどは標準的なものでも数万円の価格がついています。非常に高価ですが、「お祝いでランを贈るのは一般的なこと」とされているので、5万円のランや10万円のランを取引先に贈っても、「こんなに高いものをなぜ贈ったのですか？」とは言

お弁当

OK

われないでしょう。ラン以外の観葉植物もわりと高価なものが多いので、数万円程度であれば高いと思われることはないでしょう。

✕ クロ　友人関係への差し入れやお祝いはクロ

　一方、同じ10万円でも、お祝いに高級万年筆を贈れば、「かなり高価なものを贈ったのですね」と言われ、クロになるかもしれません。「一般的かどうか？」は、贈るアイテムの相場によって変わってきます。

　オススメしたいのは、「開業祝いにはいくらくらいのものを贈る」「開業○周年のお祝いにはいくらくらいのものを贈る」とあらかじめ決めておくことです。金額相場が決められていると、贈る度に金額でいちいち頭を悩ます必要がないですし、税務調査などで質問されても「自分のところはこの基準でやっています」と説明できるからです。

　友人関係への差し入れやお祝いもクロです。「友達の会社に遊びに行ったので差し入れを持っていった」「学校時代の同級生が開業・起業したので花を贈った」程度では家事費の要素が強いのでクロです。

> **まとめ**
>
> **取引先への差し入れは接待交際費や会議費です。**
> **お祝いを贈るときは、商品の相場をチェック。**

買わされてしまった記念パーティー券は？

シロ　同業者や取引先に関するものは接待交際費

「取引先が関係しているワインパーティーのチケットを買わされた」「取引先が屋形船を借り、仕事仲間を集めてパーティーをすることになり、チケットを購入した」といったことは、規模の大小こそありますが、仕事のお付き合い上あることですよね。そういった**同業者や取引先に関するものは、すべて接待交際費で算入できます。**

　また、業種・業界によっては、政治資金パーティーに参加する人もいるのではないでしょうか。土木、建築、農林水産など、それぞれの産業に強い「〜族」と呼ばれる政治家がいます。自分たちの業界を支援したり、自分たちの声を届けたりする存在です。自分の業界に関係が深い政治家のパーティーに出れば、接待交際費として算入できます。

　ちなみに、政治資金規正法に則って政治献金をした場合、経費にはなりませんが、寄附金控除の対象になります。献金額が2000円を超えた部分が控除対象になります。政治資金規正法に違反する形で渡すと寄附金控除の対象にはなりませんので注意してください。

クロ　友人として参加するパーティーはクロ

　個人的な付き合いが目的のパーティーは、当然ながらクロです。例えば、「友人が自分の婚約者をお披露目するためにレストランでパーティーを開催する」という場合、あなたは友人という関係で参加するわけですから、そのパーティー券の購入代はあくまでも家事費ということになるで

しょう。

　政治家のパーティーの場合も同様です。「自分の地元を盛り上げよう
と立候補した人を応援するパーティーに参加した」という場合は、個人
的な応援と見なされ、経費にはなりません。「自分が地元で商売をして
いればOKですよね？　地元の活性化を目指す人の応援は業務に関係
ありますよね？」といった声も聞こえてきそうですが、それでも業務との関
連性は薄いと言わざるを得ません。

column　接待交際費？　寄附金？

　政治資金パーティーは、政治資金を集めることが主目的のため、接待交際
費ではなく寄附金であるとされています。ただし、「多くの事業関係者が出席す
るので自分も出席する」という場合は、接待交際費として問題ないでしょう。参
加せず、パーティー券を購入しただけの場合、個人事業主の場合は経費にはな
らず、寄附金控除の対象にもなりません。寄附金控除サイドからは「パーティー
の対価」、接待交際費サイドからは「寄附金だ」と見られ、微妙な立ち位置の
支出になるからです。なお、法人の場合は、上限はありますが、パーティー券を
寄附金として経費算入できます。

まとめ

業務関係者ならシロ、友人ならクロ。
業界関連の政治資金パーティーもシロ。

取引先や従業員への誕生日プレゼントは？

シロ　仕事関係＆金額が妥当であればOK

　取引先、従業員など、業務上関係のある相手に贈り物を渡すわけですから、当然経費にできます。

　まず、**取引先など外部の人間に誕生日プレゼントを渡す場合は接待交際費として処理できます。**「従業員ではないけれど、非常によく仕事をお願いしてやってもらっている」という、いわゆる外注先に贈る場合も同じく接待交際費です。

　そして、従業員に誕生日プレゼントを渡す場合は、福利厚生費として算入できます。

　ちなみに、「取引先の主催する誕生パーティーに招待される」という場合もあると思います。そういった場合のプレゼント金額の目安ですが、「パーティーの飲食代相当額＋α」という程度が妥当でしょう。例えばパーティーの飲食代相当額が1万円だった場合、1万5000円くらいまでのものを贈ったのであれば合理的と見なされるでしょう。

クロ　個人事業主の接待交際費に上限なしとはいえ……

　ただし、金額については、「社会通念上」の観点から、「誰が考えても、まあ妥当だよね」という範囲で考えたほうが良いでしょう。

　例えば、いくらお世話になっている取引先だからといっても、数十万円もする腕時計を贈れば、「これは何ですか？　誕生日プレゼントでそんなに高価なものを贈るんですか？」と言われてしまいそうです。いくら「個

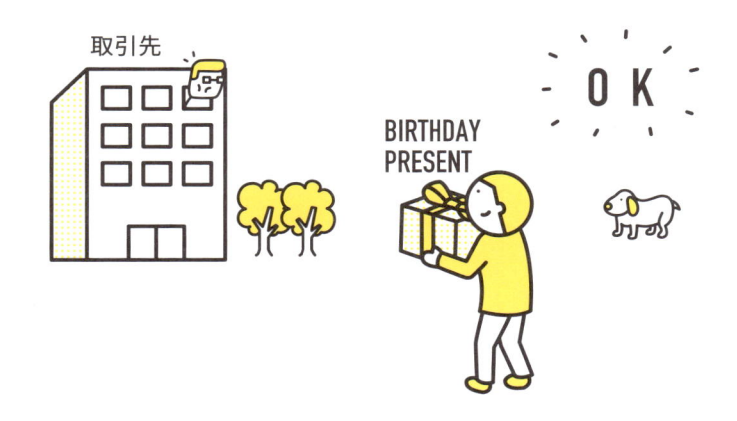

人事業主の接待交際費に上限なし」といっても、1つ1つの常識的範囲には限度があるのです。

　また、**従業員に対して商品券やカタログギフトなどの金券を贈る際には注意が必要です。** 数千円程度の物品であれば特に問題がなく福利厚生費として算入できるのですが、金券などを渡せば現物給与となり、個人事業主は源泉徴収して納付する義務が生じ、従業員は所得税や住民税がアップしてしまうからです。

　イベントがあるごとにいちいち悩み考える手間を省くためにも、「取引先の誕生日には〇〇〇円程度の×××、従業員の家族の出産時には〇〇〇円程度の×××……」といった形で、あらかじめ基準を作っておくことをオススメします。

　また、友人、家族、親戚など、業務上関係のない人間に贈ったプレゼントは、当然ながら経費にはできません。なお、自宅住所の近くで購入したアイテム、自宅住所の近くでの飲食代などは、「家族や自分のために使ったのでは？」と疑われやすいと言われていますので、くれぐれもご注意を。

まとめ

**取引先や従業員に妥当な金額で渡しましょう。
従業員に金券を渡すと給与になります。**

健康のために入った
スポーツクラブの
年会費は？

 **クロ** 完全に個人の趣味なのに、
こじつけるのはクロ

　これは残念ながらNGです。個人事業主本人がスポーツクラブに入っても、その入会金や会費は経費にできません。経費算入してしまえば、その後もしも税務調査に入られた場合には否認されて、より多くの税金（過少申告税と延滞税）を支払うハメになります。

　「では、家族が従業員の場合はどうですか？」と聞かれることもあるのですが、家族も残念ながらNGなのです。家族である従業員の扱いは、個人事業主とほぼ一緒です。法人でも小さな法人の場合、夫が代表、妻が従業員という形をとっているところも多いと思いますが、この場合も「経営に従事しているのであれば」という一文はつくものの、ほぼ役員と同じ扱いをされてしまうのです。経費という観点からすると、家族の扱いは難しいのです。

 シロ 従業員の福利厚生目的であればOK

　もしも家族以外の従業員がいて、全員に「スポーツクラブに通っていいよ」と伝え、**屋号で加入するならば、従業員の分だけは経費算入OK。**福利厚生費として算入できます。

　ただし、
・「全員が加入」というのが前提条件
・個人事業主が屋号で加入し、事業の預金から支払う
ことが重要です。

NG　家族でスポーツクラブ

　従業員が個々でスポーツクラブと契約して入会し、「そのお金をこちらで払ってあげるよ」（例えば、引き落としだけは個人事業主が引き受ける、あるいは入会金や会費を現金で従業員に渡すなど）という形をとってしまうと、経費ではなく、給与扱いになってしまいます。給与だったのに誤って経費算入してしまい、そのまま時が過ぎるとどうなるでしょうか？　従業員側は「実は現物給与だったので給与額が上がり、所得税と住民税が増える」、個人事業主側は「源泉徴収税額を納めていなかったので、延滞税を取られる」という、どちらにも痛いダブルパンチ状態になってしまいます。

　ちなみに、従業員全員の健康診断や法定健診（社会保険に入っていると35歳以上から補助が出るようになります）も、福利厚生費として経費に算入できます。

　また、事務所に頭痛薬や風邪薬などの常備薬を設置した場合、これも福利厚生費や消耗品費として経費に算入できます。ただしこの場合も、特定の誰かが使える状態ではなく、従業員全員が誰でも服薬できる状態にしておくことが前提条件になります。

まとめ

個人事業主および家族の費用は認められません。
従業員の費用は、注意点を守れば経費でOK。

風邪やケガで病院に。その治療費は?

クロ　残念ながら経費としては認められない

これは、残念ながら経費にはできません。

シロ　ただし、医療費控除を受けられる

　経費にはできませんが、自分または自分と生計を一にする配偶者その他の親族のために医療費を支払った場合には、10万円を超えた部分は医療費控除を受けられます。

　代表的なものは、病院の受診料です。<mark>健康保険が適用される病院や歯医者さんなどにかかった場合、それらは控除対象となります。</mark>考え方としては、「治療のため」が前提にあります。例えば美容クリニックなどでシミ取りをしても「治療ではない」という理由で、医師が施術したとしても医療費とはなりません。矯正歯科は基本自費診療ですが、「かみ合わせを治す」というのは治療なので医療費控除を受けられるのに対して、「歯並びをきれいにしたい」というのは美容なので控除対象になりません。もちろん歯科医が行う歯の美白もNGです。そして、「風邪を引いたときに栄養ドリンクを買いました」というのも、治療ではないので医療費控除の対象にはなりません。

　鍼治療院や整体治療院など、はり師、きゅう師、柔道整復師による施術（疲れを癒やしたり、体調を整えたりといった治療に直接関係ないものは除く）は医療費控除の対象になります。いくつかの条件があるので、通院前に確認しておくと良いと思います。

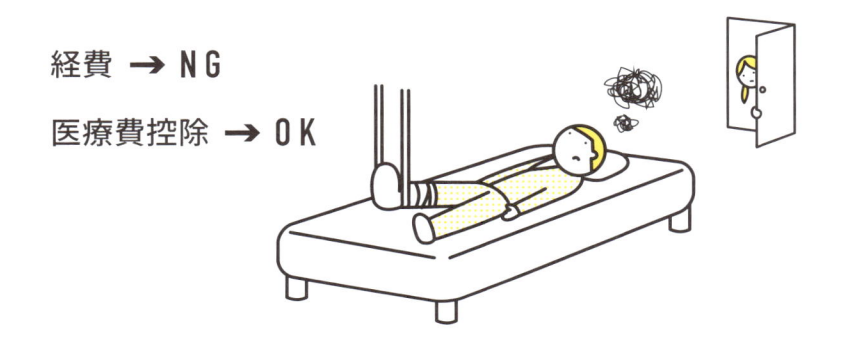

経費 → NG

医療費控除 → OK

　また、介護料も医療費控除になります。例えば、個人事業主の親御さんが要介護状態で、**その介護料をご自身が支払っているのであれば、当然医療費控除の対象になります。**出産費用も医療費控除になります。ご自身またはご自身と生計を一にする配偶者などが妊娠と診断されてからの定期検診や検査などの費用、通院費用も医療費控除の対象になります。

　医療費控除にできる範囲は意外と広く、通院時にかかった電車代、バス代、一部タクシー代も対象です（マイカーの高速代や駐車場代などは対象ではありません）。何が医療費控除となり、何がならないかは、国税庁のHP「No.1122医療費控除の対象となる医療費」に記載されています。

https://www.nta.go.jp/taxes/shiraberu/taxanswer/shotoku/1122.htm

抜け漏れなく、しっかりと算入したいですね。

　ちなみに、平成29年からセルフメディテーション税制ができました。「インフルエンザの予防接種を受けている」「人間ドックに行っている」など自分で健康の維持管理をしている前提があれば、一定の薬品が、1万2000円を超えた金額が医療費控除になります。薬局のレシートに★印や※印がついている薬品が対象になります。確認してみてください。

まとめ

経費にはなりませんが、医療費控除の対象。
医療費控除の対象は広いので、ぜひ確認を。

仕事柄、見た目も大事で……。美容院代は?

✕ クロ　身だしなみは誰でも必要なので、基本クロ

これは、基本的に、ほとんどの業種・業界で落ちないものとして考えてください。身だしなみは、業務にかかわらず、誰でも整える必要があるものなので、家事費として扱われてしまいます。

○ シロ　美しさを売っている職業ならばシロになる

ただし、下記のようないくつかの例外に関しては、シロと認められるでしょう。

まず、クラブやキャバクラなどで働くホステスさんなどの、髪のセット代やメイク代に関してはシロだと思います。美を売る(美だけではなく知性なども売るわけですが)商売ですから、毎晩髪をきれいにセットすることは業務に直結していると考えられます。歩合制の給与であれば、なおさらです。これらは、美容費や被服費などとして経費算入して良いと思います。

ホステスさんと同じように美を売る仕事としては、モデルさんや芸能人もいますが、こちらも同様にＯＫです。飲食店のホールに立つ人などは、たとえ「ウチの店はかっこいい＆キレイな人間しか採らないので」という場合であっても、給与はホールサービスを通じて得ているわけなので、厳しいと思います。

ただ、ホステスさん、モデル、芸能人などが、「美しさをキープするためにエステに通っています」という場合、その費用を全額経費にできるかというと、こちらは難しいのではないでしょうか。経費に算入するのは、多

くても半額にしたほうが良いでしょう。大きな基準として、「仕事で人前に出るために必要な髪のセットや化粧」に関してはシロ、「それ以外の日常のメンテナンス」に関しては一部シロと考えるのが良いと思います。

　ちなみに、美容院やエステサロンやネイルサロンやまつげエクステの経営者が「他店の視察に行って体験してきた」という場合は、研究開発費と考えられます。今は手がけていないけれども将来の事業として考えている人が視察で訪れた場合も研究開発費として算入して良いでしょう。

　また、YouTuberが「化粧品の使用感をユーザーに伝えて、その動画再生数をベースに収益をあげている」といった場合、化粧品は業務に直結するので消耗品費などの項目で全額経費にしても差し支えないと思います。ただし、プライベートでも使うのであれば、業務とプライベートとの使用割合で按分しましょう。

　ちなみに、アパレルの通販などで従業員をモデルとして使うことがありますが、その撮影のためにメイクや髪のスタイリングをお願いした場合は、広告宣伝費や販売促進費で処理できます。

まとめ

美容や化粧が業務に直結する一部の職業はシロ。
「業務か？ 日常のメンテナンスか？」で区分を。

定期的に受けている人間ドックの費用は?

クロ　人間ドックは医療費控除の対象にもならない

　個人事業主本人が受診した人間ドックの受診料は、残念ながらNGです。146～147ページの「医療関係の話」のところで「病院代などは医療費控除が受けられる」という説明をしましたが、人間ドックは医療費控除の対象にもならないのです。これは、家族も同様です。たとえ従業員であっても、個人事業主と同じように残念ながらNGです。

シロ　人間ドックを受診し、病気が見つかると……

　ただし、個人事業主本人が受診した人間ドックの受診料が、医療費控除の対象になる場合があります。それは「人間ドックを受診した結果、病気が見つかった場合」です。人間ドックに行った結果、初期のガンが発見されたとします。すると、人間ドックの受診料が治療費扱いになるのです。正直あまりうれしくないケースですが……。

　また、セルフメディケーション税制の控除（詳しくは146～147ページを参照）を受ける要件の1つになります。「人間ドックを受けている」「法定健康診断を受けている」「インフルエンザの予防接種を受けている」といった一定の健康維持管理などの取り組みをしていることが要件となります。

　ちなみに、従業員の人間ドック代、健康診断代などは、すべて福利厚生費で経費算入できます。ただし、その治療費は、従業員ではなく個人事業主が直接支払うことが要件です。通常は病院から請求書が発行さ

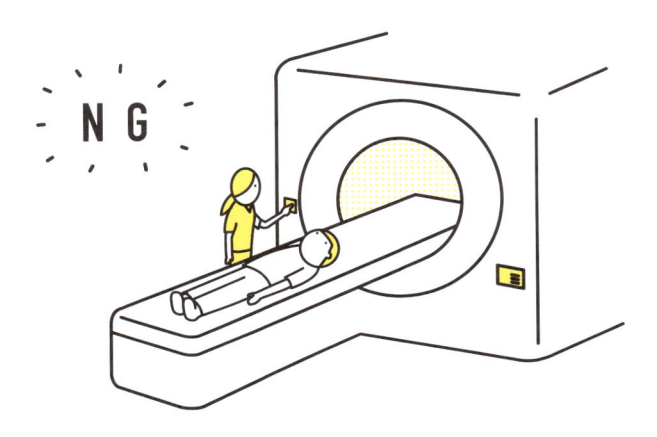

れ、振り込むことが多いです。また、福利厚生費にするには「全員に平等に機会を与える」が原則なのですが、健康診断に関しては「法定健診年齢（35歳以上、40歳以上など）」で区切り、仮に若い人を対象外としても問題ないでしょう。

　余談ですが、従業員が業務時間中、例えば配達途中にケガをして治療費がかかったとします。この治療費も全額経費にできます。「業務時間中」には通勤時間を含むので、自転車通勤の途中に転んでケガをしてしまった場合も経費になります。最近では自転車通勤者のための保険もあるようですが、これも個人事業主名で入れば経費で落とせます。

column　1人でも従業員を雇ったら即座に労働保険に加入を

　個人事業主は、1人でも従業員を雇ったら即座に労働保険（労災保険と雇用保険）に入るようにしてください。業務上の事故でかかる治療費は労災保険から下ります。けれども、もしも加入していない時点で従業員がケガをすれば労災保険は下りませんし、労働基準監督署から違反を問われてしまいます。

まとめ

本人および家族の分は、経費になりません。
従業員の分は、要件を満たせば福利厚生費に。

カツラや植毛、つけまつげは？

シロ 一部の職業で、按分して認められる

経費として算入できる職業、またその範囲は非常に限定されます。

まず、カツラや植毛から考えていきましょう。「人に見られる職業で、カツラそのものが業務上非常に重要である」という場合は、経費にできると思います。芸能人やモデルなどごく一部の職業の人に限っては算入できるでしょう。

ただし、芸能人やモデルであっても、全額を無条件に経費算入できるわけではありません。「プライベートでは絶対に装着しない」という証明ができれば良いのですが、それは難しい場合もありますよね。そのため、芸能人でも按分し、「50％は消耗品費などの経費で算入する」というのが妥当でしょう。特に植毛に関しては、カツラと違って付け外しができないのでなおさらです。

なお、カツラに関しては、いくつか例外があります。1つは、「こんなに派手なカツラは仕事以外では絶対につけないよね」と明らかに思える場合。もう1つは、ファッション関係や美容関係の事業に携わり、自分ないしは従業員が広告塔的役割をしていて、「イメージ的にロングヘアーである必要があるのでロングのカツラをかぶる」といった場合。これらは、販売促進費や広告宣伝費などで100％算入しても良いのではないでしょうか。

ネイリストがネイルをする、まつげエクステ店に勤める人がつけまつげをする……といった場合ですが、それを見てお客様に「きれいだなあ」という気持ちを喚起してもらったり、「私も同じようにしてほしい」とリクエ

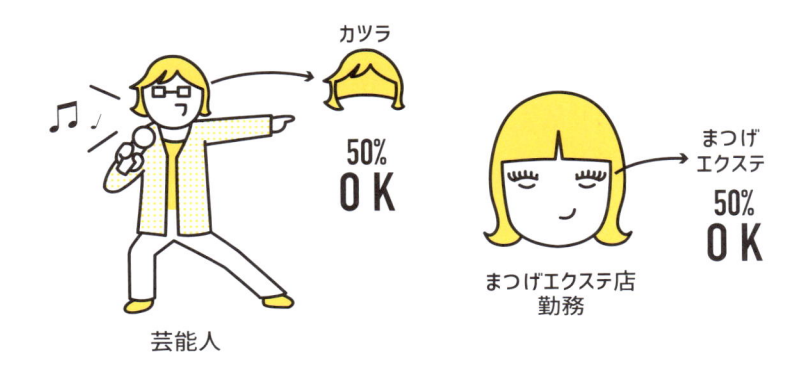

カツラ

50%
OK

芸能人

まつげ
エクステ

50%
OK

まつげエクステ店
勤務

ストされたりするでしょう。業務上必要な経費と言えますから、販売促進費や宣伝広告費で算入できます。ただし、それらも業務だけではなくプライベートでも装着しているので、「半分経費、半分家事費」など、按分して算入するのが妥当でしょう。

✕ クロ 「業務が出来ないワケではない」ならクロ

いくら芸能人と同じようにテレビ出演するからといっても、例えば弁護士などの文化人はカツラを経費算入するのは難しいでしょう。「カツラがないと弁護士業務が出来ないのか?」と問われると、必ずしもそうではないからです。

同様に、営業職の人が「指先は常にキレイでないと」「目元で印象づけないと」「髪形は常に整えて清潔感を与えないと」という理由で、ネイル代やつけまつげ代やカット代を経費で算入しようと思っても、業務に必ずしも直結しないという理由で否認されてしまうでしょう。スーツや靴も経費で落とせませんが、基本的な考え方は似ていますね。

まとめ

カツラは、芸能人やモデルであっても50%。
業務によほどの関連がないと厳しいです。

健康維持のため事務所に置いた健康器具は？

シロ　ごく一部のケースに限り経費になる

　健康器具を経費にできる人は、ごく一部の職業の人、あるいはレアケースに限られます。その一部の例を列挙していきたいと思います。

　職業でいえば、「パーソナルトレーナーをやっていてマンションの1室でジムを開業している」という人などは、その指導に使う健康器具の購入代は当然必要経費です。少額であれば消耗品費として算入できますが、10万円以上の器具となると、原則的にはいったん資産計上し、減価償却する必要があります。また、「健康に関する書籍を執筆するライターで、その器具を自分で試している」といった場合も、業務に直結しているので、経費として算入できるでしょう。

　レアケースの1つとしては、「バランスボールをイス代わりにしている」という場合が挙げられます。「自分はイスを持っていないんです。このバランスボールが自分にとっての“イス”なんです」という場合は消耗品費などで算入できます。

　もう1つのレアケースは、「取引先が健康器具を扱っていて、お付き合いで買った」という場合。これは接待交際費として算入できるでしょう。

　また、購入目的が「自分のため」ではなく「従業員のため」となると、少し話が違ってきます。例えば、事務所の一室に休憩スペースがあり、デスクワークの多い従業員が肩甲骨まわりを伸ばすために、「ぶら下がり棒」のような健康器具を購入し設置した――という場合は福利厚生費で算入できるでしょう。バランスボール、ストレッチポール、ヨガマットなどさまざまな健康器具がありますが、それほど高くないもので、従業員全員

パーソナル
トレーナー

OK

OK

イス代わりに
バランスボール

が使えるものであれば大丈夫でしょう。

✕ クロ　体力増進・健康維持が目的ならNG

業務に直結する理由がないとクロになります。「やはり仕事をするには体力が必要なので」「ずっとパソコンを見ていると体が硬くなってしまうので」といった、体力増進・健康維持が理由では経費に入れられません。健康の重要性は理解できるのですが、「業務に必要」とまでは言い切れないからです。

マッサージチェアに関してはどうでしょうか？　自分が使うものであれば、あくまでも健康上の理由なのでクロです。従業員が使う場合でも、あまりにも高額なものを小人数で使うとなると「さすがにこれは高すぎるのでは？」と見なされる可能性があります。平均的な相場程度の金額に収まるかどうかが金額の1つの目安ではないでしょうか。

また、当然ながら、家族や友人のために購入した健康器具も経費にはできません。

まとめ

業務に直結している場合はシロになります。
従業員のため＆金額が妥当なら福利厚生費に。

仕事中に骨折……。
治療費や通院費は?

✕ クロ　本人の医療費は経費にはならない

　残念ながら、個人事業主本人の医療費は経費にはなりません。また、個人事業主と生計を一にする家族の医療費も経費にはなりません。

　ただし、個人事業主本人、生計を一にする家族の医療費は、医療費控除の対象になります。1年間に10万円超の医療費を支払った場合、一定の金額の所得控除を受けることができるのです。精算時に病院から出される領収書を保管しておき、合計額が10万円を超えている場合は、確定申告時に申告しましょう。

○ シロ　従業員の場合は、労災で補填される

　従業員の場合についても、考えてみましょう。従業員を1人でも雇ったら、個人事業主は即座に、従業員のために労働保険（労災保険と雇用保険）に入らなければいけません。従業員が業務中にケガをしてしまった場合、労災保険の範囲内で治療費や薬代が補填されることになります。そのため、基本的には個人事業主の負担はないはずです。

　では、従業員がケガをしたときに、もしも労働保険（労災保険と雇用保険）に未加入だったとしたらどんなことが起こるのでしょうか?　まず、従業員の治療費を個人事業主が支払うことになる可能性が高いです。これ自体は給与として処理できると思いますが、もっと恐ろしいことがあります。1つめは、従業員側から訴えられる可能性が高いということ。労働基準監督署に駆け込まれたら、厳しい調査をされる可能性があります。2

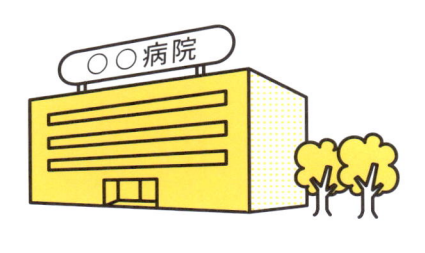

つめは、ケガにより従業員が休業を余儀なくされた場合、休業中の給与を負担する必要が生じること。労働保険に入っていれば休業補償が補助金で出るのですが、未加入であれば出ないからです。

　ですから、従業員を1人でも雇ったら、即座に労働保険（労災保険と雇用保険）の加入手続は行って下さい。雇用保険は、ケガや病気以外に出産や介護の手当もカバーしてくれます。

　ちなみに、タクシー運転手や介護職の方の持病として腰痛があります。腰痛のように、業務上避けがたいけれども労災事故の対象になるほどではない症状の治療費は、個人事業主が福利厚生費として補助してもさしつかえないと思います。

column　個人事業主には業務上のケガを補填してくれる機関がない

　従業員には、労働保険（労災保険と雇用保険）がありますが、個人事業主本人は加入できません。また、個人事業主と生計を一にする家族も加入できません。国民健康保険は使えるものの、治療費は経費にもできません。法律の穴ともいうべき実態なのですが、「ケガをしても自己責任」という自覚を持ち、細心の注意を払うしかありません。

まとめ

> **本人分、家族分は、所得控除対象になります。
> 従業員を雇ったら、即座に労働保険に加入を。**

電車、バス、飛行機 などの交通費は？

 **領収書やレシートがもらえない場合は 記録を残す**

　もちろんOKです。金額に上限もありませんから「遠方に自宅があり、新幹線で事務所に通勤している」といった場合でも業務に必要であればOKです。金券ショップで買った新幹線チケットなども経費として認められます。また、切手やハガキとは違い、12月に1年分の定期券を買ったとしても、その費用は全額「短期前払費用」として経費にできます。

　ただし、レシートや領収書は必ず残しておきましょう。電車やバスのように領収書が出ないものの場合は、エクセルなどを使って「日時／どこからどこまで移動したか？／いくらか？／どこに行ったか？」を表にまとめておいたり、出金伝票を作成（219ページ参照）しておけば問題ありません。

　最近は、旅費交通費の支払をSuicaやPasmoなどの交通系ICカードで済ませる人も多くなりました。ただし、交通系ICカードは交通費以外の支払いでも使えてしまうので注意が必要です。駅の改札で交通費をピッと支払い、近くのコンビニで自分の食べるお菓子を買ってピッと支払い……とやってしまうと、経費と家事費が混ざってしまいますよね。Suicaであれば、使用エリア内の「自動券売機」「多機能券売機」で、使用履歴（ご利用明細）の確認・印字が可能で、直近の利用分最大100件まで履歴印字が行えるようなのですが、正直この方法はかなり面倒です。

　そこで、外出の機会が多く、よく電車やバスに乗る人にオススメなのは、「ICカードの2枚持ち」です。1枚のICカード（定期など）に1ヵ月程度の使用分をチャージしたら領収書をもらい、チャージしたお金は「旅費交通費にしか使わない」と決めます。そして、チャージした領収書を旅費交

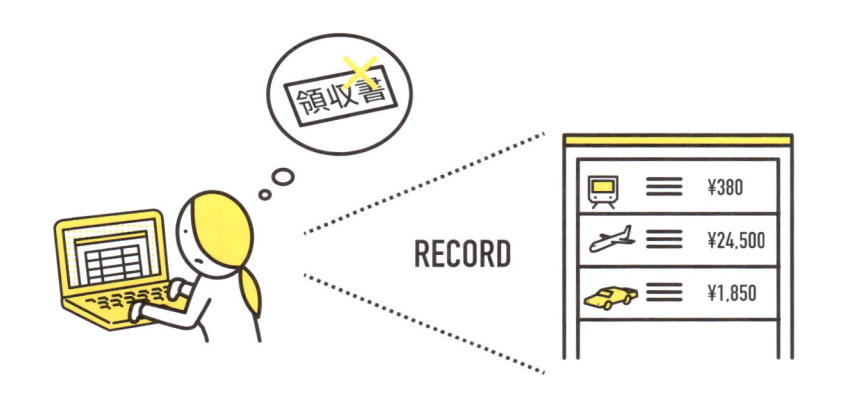

通費として算入します。もう1枚のICカード（スマホなど）にチャージしたお金は、「それ以外で使う」と決めます。そして、「会議の差し入れ用にお茶を買った」など業務に関連するものを買ったときだけ、レシートや領収書をもらうようにするのです。そうすれば、最低限の手間で済みます。

クロ　チャージの領収書も　使用分の領収書も入れたらクロ

クロは、いくつかあります。

まず、経費の二重計上です。ICカードへのチャージを経費とし、さらにそのチャージ分で支払ったタクシー代も経費としてしまうのはクロです。

また、ICカードへのチャージを経費とし、コンビニで自分の食事を購入すると、家事費を経費としていることになるのでクロです。チャージの領収書だけ大量にあり、交通費の金額だけ大きくなると「これは本当に旅費、交通費だけですか？　個人的な買い物もコンビニとかでしていませんか？」という疑惑が向けられます。

また、子供など家族の定期代などを紛れ込ませるのも当然クロです。

まとめ

ICカードを使う場合、オススメは2枚持ち。
二重計上や家事費の潜り込ませは、完全にクロ。

パスポートや免許の取得費用は？

 シロ 特殊免許など
業務に直結するものは算入できる

　免許の取得および更新にかかる費用を経費とできるかどうかは、「業務にどれくらい関連しているか？」が基準になります。

　まず、個人事業主本人の場合から考えましょう。

　タクシー運転手の二種免許、飲食店の板場で働く人の調理師免許などは、業務を遂行する上で当然必要な資格なのでシロです。研修費などで算入できます。**いわゆる特殊免許と呼ばれるものは、業務に関連していればすべてOKです。**

　パスポートの取得や更新の費用も「業務上必須」「必要に迫られて」というのであれば良いと思います。例えば、海外旅行のコーディネーターをしている人や、取材で急に海外に行かなければならなくなったという場合は、それほど大きな額でもないので全額OKでしょう。

　なお、「プライベートでも利用できます」という免許の場合は、注意が必要です。その代表が自動車の普通免許です。「これから配達業務を始めるから」といった業務に直結する理由であっても、普通免許取得の費用を全額経費にするのは難しいでしょう。仕事半分、プライベート半分と見なし、50％程度を経費にするのが妥当だと思います。更新費用のほうは、7日のうち5日業務で使っているのだとしたら、7分の5を按分するのが妥当だと思います。「打ち合わせに行くのにたまに車を使っています」という程度であれば、取得費用・更新費用共に経費に入れず、必要となったガソリン代程度を費用とするのが妥当ではないでしょうか。

　次に、従業員の場合を考えてみましょう。

タクシー運転手の
二種免許

コックさんの
調理師免許

WEB
デザイナーの
自動車免許

　従業員の場合は、個人事業主本人の場合よりも比較的緩やかに考え
て良いと思います。酒屋さんに若い従業員が入ってきて、配達業務を任
されることになる。その場合の自動車の免許の取得および更新にかかる
費用は研修（教育）費用、支払手数料として経費にできると思います。

✕ クロ　家族に免許を取らせるための費用はクロ

　逆に、クロは、業務との関連性が薄いものです。まず、「将来海外に行
くかもしれないから」といった理由で取得するパスポートは、経費にでき
ません。また、明らかに個人の趣味と思える免許も経費にできません。デ
スクワーク中心の人が小型船舶の免許を取ったとしても、取得費用を経
費にするのは難しいでしょう。

　なお、家族に免許を取らせるための費用も経費にはできません。「美
容院を営んでいて、子供に美容師免許を取らせるために美容学校に通
わせた」という場合の費用は養育費と見なされ、家事費の1つとして扱わ
れます。業務のために必要な経費ではなく、将来への投資というわけです。

まとめ

プライベートでも利用できる免許は按分を。
個人の趣味で取った免許は経費にできません。

通勤用に購入した
ロードバイクは？

シロ　通勤だけでも合理性があればシロ

　市場価格で10万円以上するものも多いロードバイクですが、最近の健康志向の高まりから通勤や日中の業務に使用する人も増えてきたようです。ここでは、ロードバイクを含む自転車やオートバイについて考えてみましょう。

　まず、**「事務所専用で業務に使っている」という場合は、消耗品費（10万円以上の場合は原則資産計上し減価償却）として全額経費にできます。**業務に使っているというのは、「取引先や銀行へ行くために使っている」などの場合です。従業員の有無にかかわらず、経費にできます。

　では、「事務所への通勤のみに使っている」という場合はどうでしょうか？　「通勤のみなのに、業務と言えるのか？」は不安に思う方も多いかもしれませんが、自転車やバイクで通勤することに距離の合理性などがあるなら問題ないでしょう。ただし、「通勤途中に買い物をする」「休日にも使う」など、個人使用はあるはずなので、業務使用と個人使用の「走行距離での按分」は必要です。

　「事務所に置いてあり、事業主や従業員が業務に使用する」という場合も、消耗品費（10万円以上の場合は原則資産計上し減価償却）で全額経費にできます。けれども、従業員に「通勤用」としてロードバイクなどを支給すると、「物品その他の資産を無償又は低い価額により譲渡した」と見なされ、現物給与の可能性が出てきます。これを現物給与と見なされないためには、「半額を従業員に負担してもらう」のが1つの良い方法です。半分は個人事業主が出し、残りの半分は従業員に出してもらえば、個人事業主は負担した分を経費にすることが可能です。

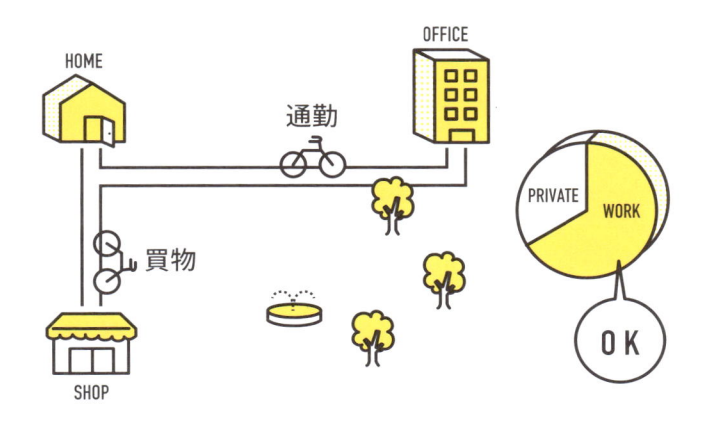

　なお、「自宅兼事務所で業務に使っている」という場合は、按分が必要です。いちばん合理的なのは「走行距離での按分」です。業務で乗ったのがおよそ何kmで、プライベートで乗ったのがおよそ何kmか……算出してみてください。

✕ クロ　通勤にも業務にも使っていなければクロ

　自宅兼事務所に置いてあり、業務に使用しない場合はどうでしょうか?
　そもそも通勤に必要ないわけですから経費に算入したらクロです。事務所が自宅と別にある場合に比べ、自宅兼の場合はプライベート感満載という目で見られやすいので注意が必要です。
　また、**いくら業務で使っていても、頻度は重要。**「月1回、銀行に行くときだけ使う」という程度であれば、「明らかに業務に使用している」とは言えず否認される可能性があります。そして、ロードバイクのウェアやヘルメットは経費とするのは厳しいでしょう。移動するツールには経費性がありますが、身につけるものは除外されます。

まとめ

通勤や業務に必要と言えれば経費にできます。
自宅兼の場合、走行距離でしっかり按分を。

水道、ガス、電気……インフラ関係は?

 **シロ**

事務所専用ならすべてOK。自宅兼なら電気代を按分

　これは、50～51ページの「賃貸家賃の話」の項目と基本的に同じ考え方になるので、事務所専用なのか、自宅兼事務所なのかで、分けて考えていきましょう。

　まず、自宅が別にあり、事務所を借りて事業を行っている場合は、そこでプライベートな生活をしていないわけですから、事務所の電気代、ガス代、水道代すべて経費算入してOKです。

　次に、自宅兼事務所の場合は、按分となります。ただし、==按分の基本的な対象は「電気代だけ」と考えると良いと思います。==なぜなら、一般的な業務において「ガスも使っている、水道も使っている」という主張は、さすがに苦しいと思えるからです。

　まず、部屋数がいくつかあり、そのうちの1室を事務所スペースとして使っている場合は、床面積で按分するのが妥当です。按分割合は、

①**事務所スペース**

②**トイレや廊下など共有部分の50%**

　の合計が占める割合とするのが合理的です（お風呂場やキッチンは業務に直接関連しない限り除きます）。その割合分（おおよそ3割程度になる場合が多いように思います）の電気代は経費算入できます。

　部屋が1つしかなく、「日中は仕事、それ以外はプライベート」という場合は、時間で按分しても良いでしょう。睡眠時間を除いた、例えば16時間分の8時間を仕事に充てているなら、「電気代の50%」を経費算入するのが妥当です。

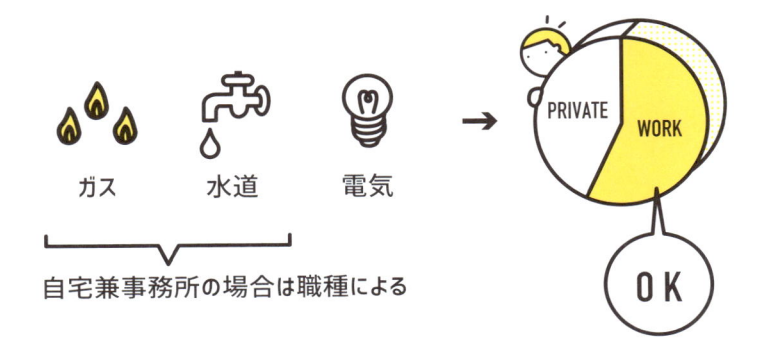

ガス　　　水道　　　電気

PRIVATE　WORK

OK

自宅兼事務所の場合は職種による

　なお、ガス代や水道代は業務内容によって変わります。自宅のキッチンで仕事をするフードコーディネーターの場合、ガスを頻繁に使うはずです。また、自宅の1室でエステサロンを開業している人は、水道をたくさん使うはずです。この人たちの場合、それらを経費に入れないままでは逆に実態に即していないことになるので、しっかりと経費に入れてください。

クロ　家事分も一緒に入れたくなるが、それはNG

　上記でも触れましたが、職種によるものの、ガス代や水道代は業務に関連するとはいいがたいです。また、実際に按分で計算してみても、経費にできる金額はかなり小さなものになるので、それほど経費算入にこだわらなくてもよいものだと思います。

　自宅兼事務所で業務を行っている場合、電気代も、ガス代も、水道代もすべて1枚の請求書で送られてきます。ですから、「ええい、家事費分も経費に入れてしまえ」としたくなる気持ちもわかります。けれども、そこは冷静になって、毎回按分するひと手間をかけるようにしましょう。

まとめ

**自宅兼の場合、経費に入れないほうが無難です。
業務で水やガスを使う人は、しっかり経費算入を。**

年金や健康保険は?

 **本人の社会保険料は、
経費という形では算入できない**

　個人事業主本人の国民年金や国民健康保険は、従業員がいる・いないにかかわらず、経費としてはすべてNGです。家事費と見なされます。

 **ただし、社会保険料控除として
全額所得控除できる**

　個人事業主本人の国民年金や国民健康保険は、業務上の必要経費とすることはできませんが、支払った全額を社会保険料控除という形で課税所得からマイナスすることができます。

　これは実質的に「経費になる」のと同じ効果と言えるでしょう。毎年12月になると日本年金機構や区役所などから「国民年金や国民健康保険をいくら納めたか」というハガキが届くと思います。これらをもとに、所得控除を行いましょう。

　さらに、「生計を一にする」親族（配偶者、子供など）の分を払っている場合、その分も全額社会保険料控除の対象となります。そのため、「子供の年金・保険関係については親にまとめてしまう」という方法で、親が一括で支払いをし、所得控除を受けて節税の一環にしている家庭が多いようです。

　では、従業員に関してはどうでしょうか?

　従業員に対しての社会保険は「健康保険」「厚生年金保険」「雇用保険」「労災保険」の4つを考える必要があります。

　個人事業主で従業員を雇っている場合、従業員が5人未満（4人まで）

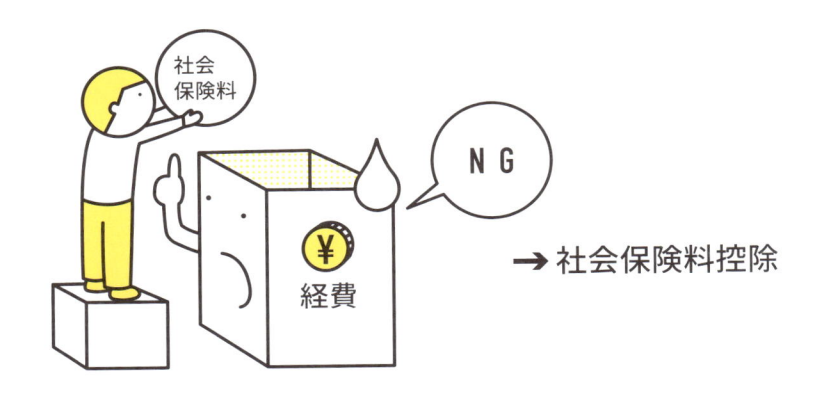

→ 社会保険料控除

の場合は、健康保険と厚生年金保険への加入義務がありません（任意で加入可）。ただし、5人以上になる場合は一部業種を除いて加入義務が生じるため、従業員の厚生年金と健康保険を労使折半（雇用主である個人事業主と従業員が50％ずつ負担）となります。この個人事業主が支払った50％分は、法定福利費として経費になります。

雇用保険と労災保険（この2つを併せて「労働保険」と呼びます）に関しては、法人・個人にかかわらず、従業員を1人でも雇っていたら加入しなければなりません（一部業種を除く）。労災保険は雇用した個人事業主が全額負担、雇用保険は一部従業員負担とすることになりますが、それらの負担分は全額法定福利費として経費にできます。

なお、家族に関しては、いくら一緒に働いていても、雇用保険と労災保険のどちらにも加入できません。

ちなみに、もしも義務があるにもかかわらず、雇用保険と労災保険に加入しない場合はどうなるのでしょうか？　罰則規定（雇用保険の場合、事業主が届出をしないと6ヵ月以下の懲役または30万円以下の罰金）がありますので注意してください。

まとめ

本人分は、社会保険料控除を受けられます。
従業員分は、支払負担分を全額経費算入できます。

固定資産税や自動車税、個人事業税は？

 **シロ 個人事業税、固定資産税、償却資産税などは経費にできる**

税金には、経費になるものとならないものがあります。

まず、経費になるものから挙げていきましょう。

・**個人事業税**……個人事業主特有の税金。所得額の申告書に基づき税額計算されます（8月と11月に納めます。8月に都道府県税事務所から納税通知書が送られてきます。その中に第一期分〔8月分〕と第二期分〔11月分〕が入っています）。これは全額経費になります。

・**固定資産税**……全額経費になります。ただし、自宅兼事務所で按分する対象になっている場合は、家賃などと同じ按分比率で算入しましょう。

・**償却資産税**……原則は「10万円を超えるものを対象とし、資産の合計が150万円以上の場合に発生する税金」と覚えておいてください（いくつかの特例があるなど、少し複雑なので、「原則は」という覚え方で良いと思います）。合計額150万円以上なので、30万円のハイスペックパソコンを5個以上持っていたら償却資産税の対象になります。ただし、年々減価償却によりパソコンの価値は下がっていきますので、償却後金額で計算してください。合計額150万円以上の場合は、毎年1月末までに申告する必要があります。

・**自動車税、自動車重量税、自動車取得税**……全額経費になります。ただし、仕事とプライベート兼用のため按分する対象になっている場合は、自動車の購入費用と同じ按分比率で算入しましょう。

・**印紙税**……印紙税を徴収するために発行される証票を収入印紙といい、これも全額経費となります（ただし使用分のみ）。

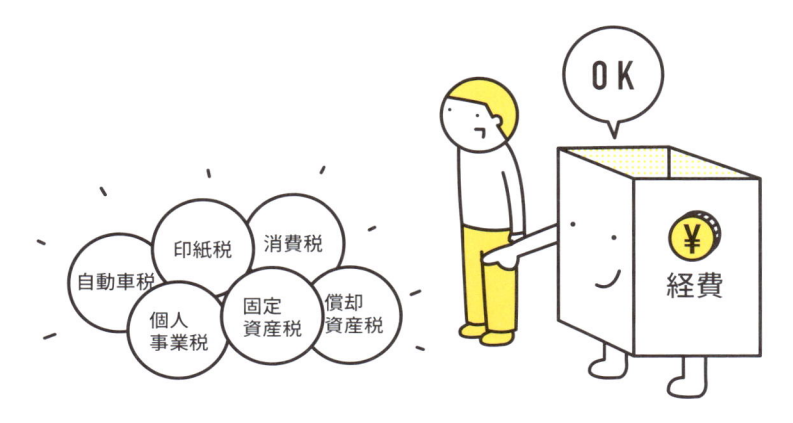

・**消費税等**（消費税および地方消費税）……これらもすべて経費に算入できます。なお、令和1年10月現在10％の消費税のうち、7.8％は国に、2.2％は地方自治体に支払っているため、「消費税等（消費税よび地方消費税）」と記載しています。（軽減税率の場合、6.24％は国、1.76％は地方自治体）

✕ クロ　所得税や住民税は経費にできない

　一方、経費にならないものは、以下のとおりです。

・**所得税**（復興特別所得税を含む）……経費にはできません。これが経費にできてしまえば、徴収した税金を返すのと同じことになってしまいます。

・**住民税**……自宅と事務所が別にある場合、自宅分も事務所分もそれぞれ住民税を支払うことになります。ところが、残念ながらどちらも経費にはできません。たとえ事務所分であっても、住民税は経費に入れることはできないのです。

・**延滞税、加算税などの罰科金**……これも経費にはできません。これを経費に算入できたら、罰則の意味がなくなってしまいます。

> **まとめ**
>
> 税金により、経費にできる・できないものアリ。
> 按分する必要のあるものは按分してください。

交通違反の罰金は？

✕ クロ　罰科金関係は、すべて経費にできない

　罰科金で代表的なのが、速度超過、駐停車違反、追越し違反、一時停止違反などの交通違反です。ほかにもさまざまありますが、これらはすべて経費にできません。なぜならば、**交通違反は「罰科金」という金銭的な制裁だからです。**罰科金が経費にできてしまうと、違反しても痛くもかゆくもないので、罰にならないですよね。

　納税に関する罰科金も同様。税金を滞納すると取られる延滞金、税金を少なく納付したために取られる過少申告加算税、税金を申告しなかったために取られる無申告加算税などはすべて経費にならないのです。

　なお、従業員を雇ったら、原則は従業員分の社会保険料を従業員と雇い主で折半して支払う義務があります。延滞すると利息を取られますが、この延滞料は経費にできます。

◯ シロ　損害賠償金は、経費にできる可能性あり

　ただし、慰謝料、示談金、お見舞い金などの損害賠償金に関しては、業務の遂行上生じた場合に関しては経費になる可能性があります。ただし、「個人事業主本人によって生じたのか？　従業員によって生じたのか？」で取り扱いが分かれてきます。

　まず、個人事業主本人の場合。「業務の遂行上生じた」場合、かつ「故意または重大な過失が認められない」場合の2つの要件を満たした場合は経費になります。交通事故を例に考えると、「居眠りしてしまった、

信号無視をした、スピード違反をした、飲酒運転をした、整備を怠った」などは、故意または重大な過失と認められ、経費にはできません。逆に、「配達しているときに玉突き事故に巻き込まれてしまった」などは、過失でも故意でもないと判断されるでしょう。

　次に、従業員の場合。「業務の遂行上生じた」場合、かつ「個人事業主に管理上の過失がなかった」場合の2つの要件を満たした場合、個人事業主が負担しなければならないのであれば経費になります。要は、従業員に故意または過失があったかではなく、個人事業主の管理責任が問われるのです。個人事業主の管理上の過失とは、「無理なシフトを組んでいた、車の整備を怠った」といったことです。

　ちなみに業務上の問題で訴訟になった場合の費用ですが、**民事裁判の場合、弁護費用やその他の費用は全額経費になります。**これは罰科金ではないからです。けれども、刑事事件に関しては、いくら業務に関係していても、違反に対する処罰（有罪となるなど）を受けた場合、経費にはできません。逆に、無罪となった場合は弁護費用やその他の費用は経費として算入できます。

まとめ

罰科金が経費にできたら、ペナルティにならないので、経費には算入できません。

生命保険の保険料は？

✕ クロ　事業主本人と家族の保険料はクロ判定に

　生命保険料や医療保険料は、残念ながら経費にはなりません。収入保障なども同様です。なぜなら、業務とは直接関係がなく、あくまでも個人に帰属するものなので「家事費」と見なされるからです。

　法人の場合、契約者が法人で、被保険者が役員や従業員、受取人が法人や役員、従業員または遺族となるような保険に入ることで経費化が可能です。一時期は「節税目的で生命保険に入る」ということが注目されましたが、個人事業主の場合は、そのようなこともできません。

　ただし、「個人事業主の生命保険料や医療保険料は経費にならない」と言っても、所得控除にはなります。平成24年1月1日以降の契約（生命保険料控除証明書などに「新生命保険」と記載されている）か、それ以前の契約（「旧生命保険」と記載されている）か、で異なるのですが、新生命保険料は、生命保険料、介護保険料、新個人年金保険料の3つで、一律4万円を上限に控除されます。旧生命保険料の場合は、旧生命保険料、旧個人年金保険料が5万円を上限に控除されます。

　余談ですが、生命保険料控除は、大正12年に発生した関東大震災がきっかけだったそうです。つまり、「控除をすることで人々が生命保険に入りやすくなるようにしよう」という社会的意図が働いた結果と言えます。税制は、時代時代で変わっていくのです。

シロ　事務所の火災保険など事業に関わるものはOK

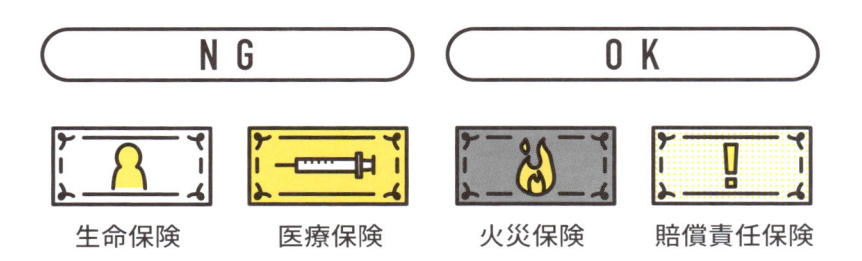

NG

生命保険 | 医療保険

OK

火災保険 | 賠償責任保険

ただし、事業に関する保険は経費にできます。

まず、店舗や事務所として使っている場所の火災保険料は経費にできます。

賠償責任保険なども経費に入れられます。賠償責任保険は、「施設内で起きたアクシデントに対応する保険」「工事作業中に起きた事故に関する保険」「サイバー関連の損害を補償する保険」「個人情報漏洩の賠償リスクに関する保険」など多岐にわたります。

モノを作っている場合は「生産物賠償責任保険」、通称「ＰＬ保険」を商工会議所などで薦められる人も多いのではないでしょうか。これも経費に算入できます。

また、従業員がいて、その人たちのために入った生命保険や医療保険は福利厚生費で経費になります。ただし、これは従業員全員を対象とする必要があります。「あの人だけは長く働いてくれているから」「あの人はお気に入りだから」などと、一部特定の人だけを対象としてはいけません。

まとめ

生命保険、医療保険は所得控除の対象になります。
火災保険、賠償責任保険、ＰＬ保険は経費でOK。

ベビーシッターの代金は？

 **本人およびその家族の保育関係費は経費にならない**

　個人事業主が、仕事をしている間の子育てをお願いするためにベビーシッターを雇ったとしても、残念ながらその料金は経費にはなりません。また、子供を一時保育に預けた場合の料金も、子供の保育園代も同様に経費にはなりません。「妻は従業員なのですよ。それでもダメなのですか？」と聞かれることもありますが、家族の場合も認められません。

　こんなふうに書くと、「自分の子供を預けられなければ、いったいどうやって仕事をすればいいんですか？」とおっしゃる人もいると思います。私も、その気持ちには非常に共感します。けれども、法律は個人的事情を配慮するものではないので、**法律上は、「子育てにかかるもろもろの費用は家事費」と見なされてしまうのです。**

　このような窮地を自分自身で何とかするために、職場に子供を連れていき、総務や事務で雇った方に「ごめんなさい、どうしても手を離せないので、ちょっとだけ子供を見てもらってもいい？」といった形で子育てのサポートをしてもらっているケースもあるようです。仕事と子育ての両立は、非常に難しい問題ですよね。

 **従業員の子供の場合は、要件を満たせば経費になる**

　ただし、従業員の子供の場合の保育関連費用は、いくつかの要件を満たせば福利厚生費として経費にできます。

　まず、ご自身の事業所内に保育施設を作り、そこで従業員の子供たち

を保育する場合、かかる費用は全額福利厚生費として認められます。

　また、ベビーシッター代や保育料の一部負担も可能です。ただし、「個人事業主が契約をすること」「個人事業主が支払いを行うこと」の2つが大切です。もしもこの2つの要件を満たさない場合、従業員への給与となり、個人事業主は源泉徴収して納付する必要が生じ、従業員は所得税や住民税が上がることになります。

　ちなみに、この場合の個人事業主の負担割合ですが、社宅などの賃料の負担も最大50％までなので、==ベビーシッター代や保育料も最大50％までと考えるのが妥当だと思います。==いったん個人事業主が全額負担し、給与から50％分天引きする方法が楽かもしれません。

　国の政策として、ベビーシッター代も特定支出控除にしようという動きが出ています。特定支出控除はサラリーマンのための控除ですが、これが認められれば、ベビーシッター代が個人事業主の必要経費の1つになる可能性もゼロではありません。今後に期待したいですね。

まとめ

**自分の保育関連費用は、経費になりません。
従業員の費用は、要件を満たせば福利厚生費に。**

新規の取引先を紹介してくれた相手への手数料は?

シロ 支払手数料や接待交際費などで経費にできる

　その紹介が業務に関連するものであれば、相手へ支払った手数料は経費算入できます。

　ケースとしては、「手数料＝紹介手数料」が多いのではないかと思います。そして、その紹介手数料は、

・お客様を紹介してもらった謝礼
・従業員を紹介してもらった謝礼

のいずれかにあたるのではないでしょうか?

　まず、紹介会社など、紹介を業務とする会社などと契約をして、その紹介料を支払った場合は、販売促進費や支払手数料などで算入できます。

　次に、取引先やお客様から紹介してもらった場合で考えてみましょう。「取引先から新たなお客様を紹介してもらった」「自分のところで働いてくれる人間をお客様が紹介してくれた」という場合の謝礼金は、接待交際費として算入できます。また、<mark>「お金で渡すのは少し生々しすぎる」ということで商品券や品物で渡す場合も、購入費を接待交際費として算入できます。</mark>

　ただし、取引先やお客様への謝礼でも、事前にルールを決め、告知している場合は上記と異なってきます。例えば、お客様に「新たなお客様を1社紹介してくださり、成約に至れば、10万円お支払いします」とあらかじめ決めておいた場合や、お客様に「お客様をお1人ご紹介いただければクオカード500円分を差し上げます」と告知していた場合などです。このような場合は、接待交際費ではなく、販売促進費や支払手数料などで経費算入できます。

お客様

謝礼金

OK

従業員の場合、NG

✕ クロ　従業員への謝礼金は、給与になる

　では、従業員から紹介してもらった場合はどうでしょうか。働き手を探していたところ、「自分の友達の中に、推薦したい人間が1人います」というケースや、「知り合いが『君のところで仕事をお願いできない?』と言っているんですが」というケースはよくあるはずです。この場合に渡す謝礼は、給与扱いになります。個人事業主は源泉徴収税額を徴収し、税務署に納める必要がありますし、従業員側は給料が増えるわけですから、所得税や住民税が増えることになります。

　また、あまりにも高額な謝礼は、クロと判定される可能性があります。例えば、紹介してもらったのが売上10万円の案件なのに、紹介謝礼が10万円なら当然怪しまれます。「紹介会社の手数料などを参考にし、相場に応じた謝礼額を決めておく」「成約額の一律10％と決めておく」など、明確に説明できる基準を設けておいたほうが良いでしょう。

　友人や愛人や家族など、業務と関係のない人間に謝礼と称して金品を渡すのも、当然ながらNGです。

まとめ

> 誰に渡すかで、勘定科目が異なってきます。
> 高額な謝礼は、クロと判定される可能性大。

身内に支払う 給与や賞与は?

シロ　要件を満たせば経費になる

　配偶者や子供など、個人事業主と生計を一にする人間の給与や賞与は、原則的には経費に入れられません。ですから、クロなのですが、下記の要件を満たすことでシロになるので、シロのブロックの中で話を展開していきます。要件とは、以下の項目のことです。

●青色事業専従者であること

・1年で6ヵ月以上（その年の途中で開業したのであれば開業日から起算して半分以上）従事していること

・その事業がメインの従事であること

・その年の12月で15歳以上であること

●開業日から2ヵ月以内あるいは算入しようとする年の3月15日までに「どういう業務を行い、いくら払うか?」といった内容について届出（「青色事業専従者給与に関する届出書」）を出していること

●確定申告書に記載すること

いくつか補足しておきます。

　まず、「1年で6ヵ月以上（その年の途中で開業したのであれば開業日から起算して半分以上）もっぱらその事業に従事している」必要があるので、学生は無理です。ただし、夜間学校に通っている場合は大丈夫です。「その事業がメインの事業である」ことに関しては明確な基準があるわけではないのですが、例えばパートと掛け持ちしている場合に、「パートよりもこの仕事のほうが従事している時間が長い」というのが1つのわかりやすい基準になると思います。

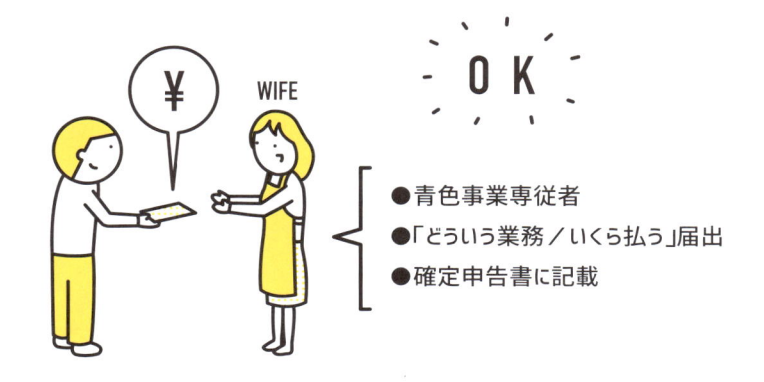

●青色事業専従者
●「どういう業務／いくら払う」届出
●確定申告書に記載

「いくら払うか？」ですが、同業種や他の従業員と同程度でないと認められません。もしも他に従業員を雇っていないなら、厚生労働省が毎年各都道府県別に発表している**最低賃金や、同業種の求人広告などで相場を調べて決めると良いでしょう。**

　最後に「届出書への記載」ですが、記載した金額以上の金額を支払うことができません（金額を下回る分にはかまいません）。もしも記載以上の金額を自由に払えてしまうと、「今年は儲かったら身内に給与としてたくさん渡してしまおう」という利益操作ができてしまうからです。

　身内に支払った場合は、必ず支払った証拠を残しておきましょう。現金で渡すのではなく銀行振込にし、振込明細を保管しておくのがいちばん楽です。

✕ クロ　要件を満たさない場合はクロ

「青色事業専従者ではない身内に給与を出した」「届出に記載した以上の金額を支給した」など、要件を満たさない場合は経費にできません。

まとめ

「一緒に働いているのに給与にならないのは
さすがに……」ということで設けられた特例です。

神社への寄附金は?

✕ クロ 基本的には経費にならない

　寄附金は、経費にはなりません。法人の場合は一定の要件を満たせば経費になるのですが、**個人事業主の場合はならないのです。**

　子供が入学したときに学校に寄附しても、あくまでも個人的な理由ですから、経費にもなりませんし、一部を除き寄附金控除も受けられません。地元の高校が甲子園に出場した場合の寄付も、あくまでも個人的な応援ということで経費には入れられないでしょう。また、寺社仏閣へのお賽銭（さいせん）も、商売繁盛を願って投げ入れたものであっても難しいです。

◯ シロ ただし、寄附金控除や経費になることも

　ただし、国・地方公共団体、日本ユニセフ協会や日本赤十字社などの公益社団法人や財団、独立行政法人、私立学校法人、社会福祉法人、認定NPO法人、一定の政治献金などに関しては寄附金控除の対象になります。なお、「どんなNPO法人が対象になるのか知りたい」という方は内閣府のHP（https://www.npo-homepage.go.jp/npoportal/）などでネット検索してみてください。全国各地にさまざまな活動目的のNPO法人が存在しているので、主旨に賛同できる団体を探してみるのも良いかもしれません。

　寄附金控除の対象の中でも、**特に私たちにとって身近なものは「ふるさと納税」ではないでしょうか。**上限はあるものの、所得税の場合は2000円を超えた部分が所得控除となり、課税される所得が減るので、支

※寄附金の中には
OKとなる例外もある

　払う税金が少なくなります。さらに、住民税も下がります。ふるさと納税では返礼品をくれますが、「返礼品＋節税（所得税と住民税）」という２つのメリットがあるわけです。

　また、寄附金が経費になる、いくつかの例外的なケースがありますので、いくつか挙げてみましょう。

　「町内のお祭りなどに寄付をすると、ちょうちんや木札に協賛者として名前を書いてくれ、掲出される」といった場合は、ちょうちんや木札によって多くの人に広告宣伝できるので、広告宣伝費で算入できます。

　「毎年神社で商売繁盛の祈祷をしてもらっている」といった場合の初穂料などは、雑費などで算入できます。その際にいただいたお札などが"証拠"になります。

　また、先ほどお賽銭は経費にできないと書きましたが、「毎年、仕事始めに従業員を引き連れて氏神様にご挨拶に行っている。その際、みんなの分として自分がまとめて１万円お賽銭を入れる」といった場合は、例外的に雑費などで経費にしても良いでしょう。領収書をもらえない場合は、出金伝票を切っておきましょう。

まとめ

対象によって寄附金控除になる場合があり、例外的にいくつかのケースが経費になります。

退職金は？

シロ 生計を一にしていない親族もOK

従業員への退職金は全額経費になります。

まず「退職金とは何か？」という点ですが、退職の折に「長期にわたり勤務してくれてありがとうございます。退職後の生活費の一部にしてください」という意図で支給されるものです。そのため、退職による所得は給与による所得に比べ、税負担が低くなるよう配慮されています。まず、退職金から退職所得控除（控除額は勤続年数によって変わりますが最低80万円）を差し引きます。次に、その差し引いた金額の2分の1の額に対して、税率をかけます（分離課税という方法なので他の所得と合算して税計算はしません）。なお、住民税も、課税される退職所得の考え方は一緒です（税率は10％です）。

従業員が親族であっても、生計を一にしていない（財布は別々）のであれば退職金を支給できます。例えば、「すでに独立し、家庭を持っている息子が、別の事業をすることとなり、退職することになった。退職金を出してやりたい」というのはOKです。

では、「勤続何年以上の人から払うか？　いくら払うか？」といった退職金の規定は誰が決めるのでしょうか？　国などが定めているものは特になく、個人事業主本人が独自に決めます。ただ、「最終給与額×○ヵ月分×功績倍率」などといった相場を超えて支給すると否認される可能性が高いようです。最終給与額は退職する直前の給与、功績倍率は役職など貢献度によって変わる数字です。ネットなどで相場を調べ、社内規定を作っておくと良いでしょう。なお、「ウチは退職金をいっさい払わ

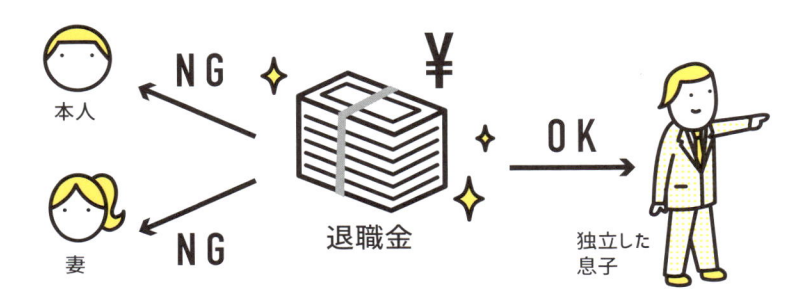

ない」という方針をとることももちろん可能です。ただし、人手不足がますます進むであろう今後、働き手を確保できるかどうかは未知数ですが。

✕ クロ 個人事業主や配偶者の退職金は経費にできない

個人事業主本人に退職金を払っても経費にはなりません。生計を一にする家族も同様です。また、「いつからいくら退職金を払うか?」を決めるのは個人事業主自身ですが、「勤続たった3ヵ月で辞めた人間に多額の退職金を支払った」となれば、否認される可能性は高いでしょう。

 個人事業主や配偶者は小規模企業共済に

個人事業主本人の退職金は経費になりません。そこでオススメしたいのが、小規模企業共済への加入です。毎月掛け金を支払うことになりますが、小規模企業共済等掛金控除という名目で全額所得控除になり、税負担が減ります。将来、退職や廃業の際に掛け金を受け取ることができます。180ヵ月以上掛け金を支払ったら65歳以上で任意解約できますし、配偶者などの共同経営者も加入できます。ぜひ検討してみてください。

まとめ

個人事業主や配偶者は退職金を経費にできません。小規模企業共済への加入を検討してみては?

取引先が倒産。未回収の売掛金は？

シロ　経費にはなるが、現金は入ってこない

　事業の遂行上生じたものであれば、その損失が生じた日の属する年に経費算入できます。12月31日に取引先が倒産した場合と、1日遅れて1月1日に倒産した場合では、算入できる年が違ってきます。

　経費対象となるのは、「売掛金、貸付金、前渡金、その他これらに準ずる債権」のうち貸し倒れとなった部分です。売掛金は「物の引き渡しやサービスの提供を行ったが、未回収となっているお金」のこと。貸付金は「誰かに貸しているお金」のことで、従業員に対する前払給与なども該当します。前渡金は、いわゆる手付金や契約金のことです。

　金額ですが、==「回収できない金額」だけが貸倒損失として算入できます。==例えば、「100万円の仕事をしたけれども、取引先が倒産してしまった。その後の債権者集会で、7万円だけが戻ってくることになった」としたら、93万円を経費算入できるのです。ただし、入ってくるはずの現金が入ってこなくなるので、キャッシュフローは当然苦しくなります。売掛金を回収できなくても「経費になる」という以上の救済措置は用意されていないわけですから、売掛金などの回収状況や取引相手の信用性は常にチェックしておいたほうが良いでしょう。

　なお、青色申告者の場合、貸し倒れによる損失が生じた場合は、3年間の損失繰越ができます。例えば、「93万円の貸倒損失が生じた影響もあり、60万円の赤字になってしまったが、翌年は頑張って60万円の黒字になった」とします。白色申告の場合、60万円の黒字に伴う所得税を払わなければいけませんが、青色申告の場合は違います。前年の赤字

60万円を繰り越しでき、翌年は「翌年の黒字60万円 − 前年の赤字60万円 ＝ ゼロ」で計算できるのです。

　ちなみに、==取引を停止してから1年以上音沙汰もない場合は、その売掛金は貸し倒れにして良いことになっています。==また、取引先が遠方にあり、「売掛金よりも旅費のほうが高くつく」といった場合も貸し倒れにしてOKです。

✕ クロ　業務上関係のない相手はクロ

「友人にお金を貸したのに返してくれない」など、業務上関係のない相手の場合は当然ながらクロとなります。

column　商売上のリスク回避を

リターンもリスクもすべて自分に返ってくるのが個人事業主。リスクを最小限にできる手立てはしておきましょう。例えば、小売や卸業の場合、「手数料はかかるが代金回収はカード会社やショッピングモール運営企業にお願いする」などです。

まとめ

> 貸し倒れた分は経費にはなります。
> けれども事業を回す上では厳しくなります。

現金で渡し、領収書やレシートをもらえなかった場合は?

シロ　領収書がない場合は出金伝票を残す

「現金で支払ったけれど、領収書やレシートがもらえない」というケースがあります。代表的な例が、自動販売機。「会議の差し入れのために冷たいお茶を5本買った」といった場合、領収書やレシートは当然ながら出てきませんよね。また、慶弔金は、「もらいづらい」場合の代表例。「取引先のお通夜に参列し、香典1万円を渡してきた」といったケースで、領収書をくださいとはなかなか言えないものです。

交通費の項目（158〜159ページ参照）でも少し触れましたが、このような場合は出金伝票を作成します。出金伝票は文房具店などで購入しても良いでしょうし、インターネット上にあるフォーマットをプリントアウトして使用しても良いでしょう。**大事なのは、「いつ、どこに、いくら、何のために」払ったのかを出金伝票に記録しておくことです。**

現金を口座から引き出した場合の処理についても触れておきます。

例えば、事業用の銀行口座から10万円を引き出したとします。引き出した時点で、「普通預金」という資産から「現金」という資産に変わります。貸借対照表上は、「普通預金という資産が減って、現金という資産が増えた」だけです。その現金10万円を使い、支出をした時点で、使った分だけが経費となります。10万円のうち7万8000円を使って残りの2万2000円を自分の財布に入れれば、会計上は「事業主貸し」となります。自分の財布には入れず2万2000円を事務所に置いておけば、会計上は「現金」という資産になります。

銀行口座から現金を引き出したら取引明細を保管し、さらに通帳記入

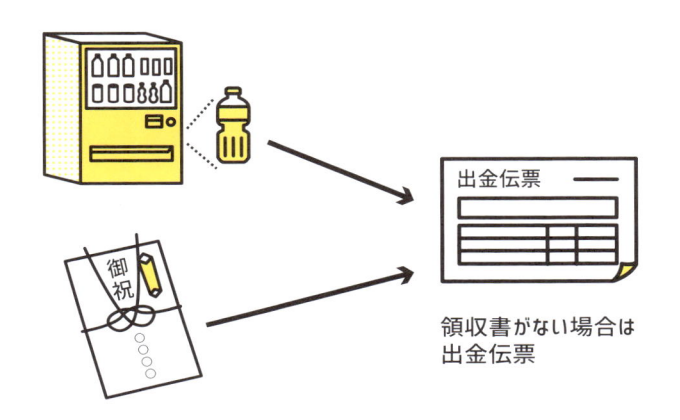

領収書がない場合は
出金伝票

もこまめに行っておきましょう（通帳にシャープペンでメモ書きしてもOK）。そうでないと「この現金、何のために下ろしたんだっけ？」とわからなくなってしまう可能性があるからです。

✗ クロ　出金伝票が多いと疑われる

　注意したいのは、やたらと出金伝票が多くなることです。自動販売機などごく一部を除いて、「領収書が出ない」というケースはないからです。街の青果店など個人商店のようなお店でも「領収書を発行してください」とお願いすれば、たいていは発行してくれます。基本は領収書かレシートをもらう。「どうしてももらえない」「一般常識的にもらいにくい」といった場合に限り、出金伝票を作成する——という基本ルールを徹底しましょう。あまりにも出金伝票が多いと、「架空経費があるのでは？」と疑われることになります。

　また、払ってもいない相手にあたかも払ったような出金伝票を作成し、架空計上すれば、完全に犯罪です。絶対にやめましょう。

まとめ

**領収書をもらえない場合、もらいにくい場合は、
出金伝票を作成しましょう。**

支払利息は？

シロ　事業のために借りたお金なら経費になる

　借入金の利息が経費になるかならないかは、「借入金の元本部分が事業のために借りたものなのか？　そうでないのか？」によります。

　事業のために借りたものであれば、支払利息は経費算入できます。

　ここで、借入金の「元本」と「支払利息」について説明しておきます。

　金融機関などからお金を借りた場合、返済として支払うお金は「元本」と「支払利息」に区分されます。100万円を借りた場合、私たちが支払うのは100万円ではなく、「100万円＋支払利息」の金額です。支払利息は、貸す側に払う"手数料"。だから、経費にできるのです。

　それに対して、元本は経費にできません。なぜなら、単に債務の返済（借りたお金を返しているだけ）だからです。貸借対照表などが読め、仕訳の理解がある人にはきわめて当たり前のことなのですが、「支払利息は経費にできるが、元本は経費にできない」ということは再認識しておきましょう。

　銀行などからお金を借りると保証料がかかることがありますが、保証料は一気に経費にはできません。また、団信（団体信用生命保険）に加入した場合も同じく一気に経費にはできません。金額の大小にかかわらず、借りている期間に応じて按分する必要があります。

　なお、契約書の作成時に生じた印紙代は、金額にかかわらず、その年の経費にできます。

　少額あるいは急ぎで必要な場合は、個人のカードでキャッシングをする場合もあるのではないでしょうか。例えば「今月は買掛金の支払いが

難しいので、個人名義で一時的に借り、そのお金で買掛金を支払った」などという場合です。個人のキャッシングは個人的なものに見えがちです。この利息を経費とするためには、例えば「30万借りて、すぐに事業用の通帳に入れました。そして、この相手とこの相手の支払いをしました。売掛金が入ってきたらすぐに返しました」というような、一連のお金の流れを説明する資料を用意しておきましょう。

✕ クロ　親から借りたお金の支払利息はクロ

「生計を一にしている親からお金を借りて、その親に利息を支払っています」という場合の支払利息を経費に算入してしまうのは、業務に関連する・しないにかかわらずクロです。

　また、個人的な借入金の支払利息も経費にできません。「ギャンブルでスってしまった」はもちろん、「自分の所得税や住民税は払えないのでお金を借りた」という場合もクロです。

　自宅兼事務所の場合、住宅ローンの利息の自宅部分はＮＧです。

まとめ

業務目的で借りたのならＯＫ。
個人的理由で借りたお金はＮＧです。

従業員の横領を防ぐには
どうすればいいの?

　日々の管理や社内体制を整備しないまま事業を進めていると、従業員を雇ったときに、ある問題が生じることがあります。その問題が「横領」です。

　「売上をレジに打ち込まず、自分のポケットに入れてしまう」「到着した商品を自分の家へ持ち帰ってしまう」などです。

　税務調査で税務署から「売上がかなり低くないですか?」「伝票の数と実際の商品の数が合いませんね」といった指摘を受けて初めて従業員の横領に気づく方もいらっしゃるようです。

「簡単にバレてしまう」という空気を作る

　では、どうすれば、このような"身内"の不正を防ぐことができるのでしょうか? それは、オーナーである個人事業主が「自分が常にチェックしているよ」という姿勢を実際の行動で示し、「悪いことをしたら、すぐに、簡単にバレてしまう」という認識を従業員に与えることです。

- 伝票は連番にして抜けがないかを調べる
- 商品在庫数を定期的に数え、帳簿とのズレがないか確認する
- 現金残高は毎日確認する
- 担当者を1名にせず、複数にしたり、定期的に替えたりする

　など、簡単かつこまめなチェックを繰り返すことが大事です。

　こういった不正行為は、事業が軌道に乗り、オーナーが「あとは任せた」と従業員に一任し、自分はそれまでのように管理業務に関わらなくなったときに起こりがちです。一度やってみて大丈夫だったとなれば、どんどんエスカレートしてしまいます。そういう意味で横領は、オーナーの気の緩みが招く事態と言っても過言ではないでしょう。

解決！
経費のＦＡＱ

- 領収書は必ずないとダメなの？
- 無記名の領収書でも大丈夫？
- 絶対にやってはいけない「領収書の
  タブー」とは？

経費を正しく整理する上で、
知っておきたい知識が満載です。

Q. 領収書は必ずないとダメですか？

A. 領収書やレシートは原則必要です。

　まず、「領収書あるいはレシートは原則として必要」と覚えてください（領収書とレシートの違いについては後述します）。「領収書やレシートが出ない」という状況は、自動販売機など限られた場合をのぞいてほとんどありません。街の青果店などでも、「領収書をお願いします」と言えば出してくれるはずです。ですから、領収書やレシートは、必ずもらう習慣をつけましょう。

　では、そもそもなぜ領収書やレシートが必要なのでしょうか？　それは「いつ、どこで、誰に、何のために、いくら」支払ったのかを証明するものだからです。

　税務署が税務調査に入ると、基本的には総勘定元帳をチェックしていきます。これは、青色申告者が確定申告時に作成する、現金、預金、接待交際費、広告宣伝費など、費用ごと、資産ごとなどに作成している帳簿です。そして、気になるお金の流れがあったら、「ここの領収書を見せてください」「ここの請求書を見せてください」と求められます。「証憑書類」と呼ばれる領収書やレシートは、その"証拠"の1つというわけです。

実は、レシートでも全然問題なし

　では、領収書とレシート、どちらが良いのでしょうか？　「レシートではいけない」と思い、お店がレシートを発行してくれているのに毎度毎度「領収書をください」とお願いしていませんか？
　結論から言えば、領収書でなければいけないということはありません。むしろ、少額の支払いなどは、レシートのほうが良い場合もあります。

領収書とレシート、どちらも情報に不備があるのはご存じですよね？

・**領収書**……宛名があり、自分が払ったことが証明できる。けれども、「品代」などと書かれるため、具体的に何を買ったのか詳細な内容はわからない

・**レシート**……購入した商品やサービスの具体的な内容、人数などがわかる。だが、自分が払ったことが証明できない

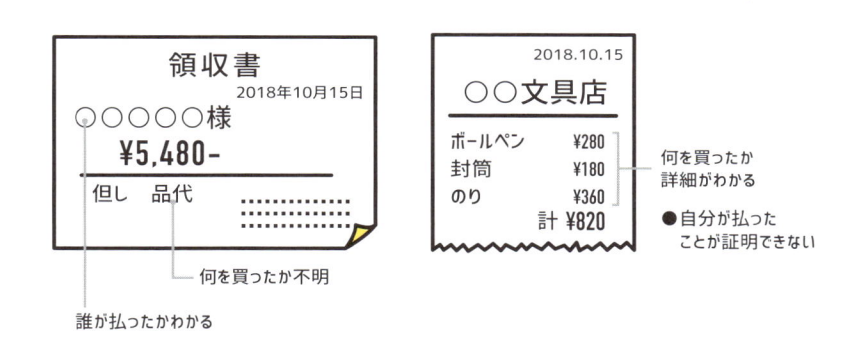

「何を買ったか？」「何人で食べたか？」などの情報は、むしろレシートのほうがわかるのです。

では、「領収書のほうが良いか？　レシートで十分か？」という疑問に対してはどうでしょうか？

境界線の==1つの目安は5万円==です。金額が領収書に印紙を貼る必要が生じる5万円以上になったら領収書をもらい、しっかりと宛名を書いてもらったほうが良いですが、それ以下の金額ではレシートでも十分ではないでしょうか。

不足情報はすぐに書き足し、「目的」もプラス

さらに言えば、領収書も、レシートも、どちらも==「いつ、どこで、誰に、いくら」支払ったのか==という情報を完備しているわけではありません。例えば、ファミリーレストランで取引先と打ち合わせを兼ねて会食をし、レシー

トをもらったとします。その際、レシートの端に「人数」は記載されているかもしれませんが、「誰と食べたか?」は記載されていませんよね？　それを手書きで、レシートの裏や余白にすぐに加えておくのです。

加えて、記録しておくべきもう1つ重要な情報があります。それは「何のために支払ったのか?＝目的」です。飲食代だったとしたら、「仕事仲間との打ち合わせ」のためだったのか、「新規取引につながるお客様の接待」のためだったのか？　「会議」「接待」など目的も書き添えると安心です。

クレジットカードの支払明細+レシートもOK

領収書やレシートは「いつ、どこで、誰に、何のために、いくら」を払ったかを証明するために必要なのですから、必ずしも両者のいずれかである必要はありません。

例えば、カードで支払いをすると、会計時に支払明細とレシートをもらえます。支払明細で「自分が払った」ことが証明でき、レシートで「支払の詳細」がわかります。この2つをホチキス止めしておき、さらに「誰と」「何のために」を捕捉しておけば、必要十分な情報を満たすことになります。

銀行振込で支払う場合もあります。その際は、振込明細を取っておき、「いつ、どこで、誰に、いくら」「何のために」という情報で不足している部分を、手書きで余白に捕捉しておけば良いでしょう。

「領収書がもらえなかった」「領収書が出ない場合」については別項に譲ります（198〜199ページ参照）が、大事なのは「領収書をもらうこと」ではなく、「いつ、どこで、誰に、いくら」「何のために」支払ったのかという情報がしっかりと記録されていることなのです。

Q. 「上」や「無記名」の領収書は有効？
A. 領収書の意味をなしていません。

領収書に宛名を書くのは「他の誰でもなくあなたが払ってくれました」という証拠を残すためです。領収書とレシートを比較した場合、「誰かから」ではなく「あなたから」と証明できるのが領収書の利点なのです。

それなのに「上様」で領収書をもらったり、「宛名はなくていいです」と答えてしまっては、何の意味もありませんよね。

結論だけを言えば、「上様」や「宛名なし」の領収書が無効かと言えばそんなことはありません。けれども、必要な情報を満たしていないのです。後日、税務調査に入られたとき、「本当にあなたが払ったのですか？　他の人からもらったものではないですか？」などと疑われてもしかたありません。

領収書を発行する側にも責任が生じる

ですから、領収書には必ず名前を書いてもらいましょう。屋号でも良いですし、個人の名前でも構いません。また、フルネームでもらうのが大変なら名字だけでも良いですし、漢字を伝えるのが難しい場合（外国人スタッフの方が会計をしているなど）は、カタカナで書いてもらうのでも良いでしょう。そのほうが「上」や「宛名なし」よりも、よっぽど良いのですから。

領収書を発行する側も、「たしかにこの人から支払ってもらいました」という証明として発行するわけですから、きちんと宛名を書くべきです。「宛名は書きますか？」ではなく「宛名はどうお書きしますか？」が正しい聞き方です。「金額は空欄にしますか？」「日付はどうしますか？」などお客様にさまざまな"忖度"をするお店もあるようですが、文書偽造になるリスクがあるのでやめましょう。

Q. 印紙はなんで必要なの？

A. 印紙税という税金を払うためです。

　5万円以上の金額の領収書やレシートには、発行する側が印紙を貼る義務があります（現金決済の場合）。5万円以上の領収書やレシート、不動産の契約書、金銭消費貸借契約書、業務委託契約書、銀行融資の書類、会社を設立する際に必要となる定款などは「課税文書」と呼ばれています。

　消費税は消費に対してかかる税金、酒税はお酒に対する税金、たばこ税はタバコに対する税金、入湯税は温泉利用に対する税金です。ゴルフも、ゴルフ場利用税を取られます。同様に **「こういった文書をやりとりする際には税金を取りますよ」というのが印紙税です。**「収入印紙を購入し、書類にペタッと貼ることで、納税してくださいね」というわけです。

　印紙は、郵便局や法務局のほか、コンビニでも購入できます。領収書に貼る収入印紙の金額は、表のとおりです。

印紙税額（売上に係る領収書の場合）

記載金額		税額
5万円未満のもの		非課税
5万円以上	100万円以下のもの	200円
100万円を超え	200万円以下のもの	400円
200万円を超え	300万円以下のもの	600円
300万円を超え	500万円以下のもの	1,000円
500万円を超え	1,000万円以下のもの	2,000円

発行側の義務。もらった側が貼る必要はない

　ここで気になるのは、「万が一、5万円以上の金額の領収書をもらったのに、収入印紙を貼っていなかった場合、経費にならないか？」ということ。

　これは、経費になります。なぜなら、収入印紙を貼る義務は、「領収書

を発行する側」にあるからです。もらった側が「収入印紙が貼っていない！　自分で買って貼らなきゃ」と考える必要はありません。

　逆に言えば、**5万円以上の領収書を発行したにもかかわらず、収入印紙を貼らずに渡した場合、「脱税」ということになります。**領収書をもらった側に税務調査が入り、「このお店は収入印紙を貼っていないのか」となれば、後日連絡が来て「収入印紙を貼っていませんね。しかるべき金額を納付してください」と言われる可能性があるわけです。

　業務委託契約書などを交わす際、発注元から契約書が2枚送られてきて、1枚には収入印紙が貼ってあり、1枚には貼っていない場合があると思います。これは「1枚は自分が貼っておくから、もう1枚は貼っておいてね。貼ってあるほうを返して、貼っていないものを持っておいてくださいね」という意味です。自分の手元にある契約書に印紙を貼っていないからといって契約が無効になることはありませんが、契約書に印紙を貼っていなければ、税務調査に入られた際に脱税行為と指摘されますので注意してください。

Q. 領収書がもらえない、紛失した場合は?
A. 出金伝票+証拠を残しておきましょう。

　本書で何度か述べてきたように、領収書やレシートをもらえないケースはほとんどありません。街の青果店でも「領収書をください」と言えばくれるはずです。けれども、領収書をもらえない場合、もらいにくい場合はいくつかあります。代表的なのは、自動販売機、電車やバスの運賃、慶弔関連でしょう。その場合は、「○月○日　自動販売機　5人分ジュース○円　どこどこの打ち合わせに持っていった」といった内容で<mark>出金伝票を作っておくようにします（作り方については218～219ページ参照）。</mark>ただ、それだけでは弱いので、"証拠"を用意するようにします。葬儀であれば「出金伝票とともに案内状を残しておく」などです。

　その他にも、いくつか領収書がもらえない場合があります。
　・**ネットオークションで個人から商品やサービスを仕入れた場合**……出金伝票以外にも"証拠"を残しましょう。注文のやりとりのメールを残しておいたり、「取引成立しました」という画面をスクリーンショットで撮っておいたりして、支払った証拠を残しておきましょう。インターネットで買い物をしたのであれば、何かしらの履歴は残っているはずです。
　・**お店で何人かで飲食をし、割り勘で領収書をもらおうとしたらお店から断られた場合**……お店の情報が記載された名刺サイズ大のショップカードなどを持ち帰って出金伝票と一緒に止めておくようにしましょう。
　・**何人かで飲食し、幹事がクレジットカードでまとめて払い、「割り勘金額を後日オレの銀行口座に振り込んで」と言われた場合**……振込明細を出金伝票に止めておきましょう。

　ちなみに、よくやりがちなのは「納品書が領収書代わりになる」と勘違いしてしまうこと。商品を購入すると、段ボール箱に貼ってあったり、同封されていたりしますよね。領収書と形式が似ているので勘違いするの

もわかるのですが、納品書は「あなたのところにたしかにモノを納めましたよ」という発送者側からの書類であって、「あなたからたしかにお金をいただきましたよ」という書類ではありません。納品書は、証憑書類の1つですが、領収書の代わりにはならないので注意してください。

領収書がたくさん入った財布を 落としてしまったら……

「1ヵ月分の領収書を入れていた財布をなくしてしまった」としたら、どうするでしょうか？ 思い出せる限り思い出して出金伝票を切るしかないと思いますが、それにも限界があると思います。税務調査などで説明するためにも、財布を落とした場合は、警察でのやりとりなどをメモしておいたほうが良いでしょう。そもそもこういった悲劇が起こらないよう、こまめに領収書を財布から出し、きちんと整理しておくことです。

出金伝票を切るのは非常に限られたケースですから、**出金伝票が多いと「なぜこんなに？」と疑われ、否認される可能性があります。**また、しょっちゅう領収書をなくしている人は、ずさんな管理＝ずさんな経営と見なされ、銀行融資の際などにも良くない印象を与えてしまいます。

「領収書やレシートがたくさん入った財布は、お金がたまりませんよ」と風水などでは言いますが、税理士の立場からも同感です。自分がどんなことにいくら使っているかわからない経営者が、事業をうまく回せるとは思えないからです。理想は、毎日こまめに領収書を整理することです。

税務調査

出金伝票 ¥4,200-

出金伝票 ¥1,780-

「コンビニのレジ脇にあるレシート。たくさんあったので1枚持ってきて自分の経費として算入してしまいました」。

これは立派な脱税です。たった1枚のレシートであっても、反社会的な違法行為ですので絶対にやめましょう。

「商品券を購入し、取引先に渡したことにして、接待交際費として算入。その商品券で備品を購入し、消耗品費として経費で算入しました」。

これも立派な脱税ですから、やめておきましょう。商品券は、このような手口で脱税をする人が多いため、税務署からも目をつけられやすいアイテムです。

「友人のお店の名前が記載された、空の領収書を譲ってもらいました。その領収書に適当な金額を入れて経費にしました」。

これも当然脱税です。税務調査に入られると、すぐにバレてしまいますので、絶対にやめておきましょう。

「もらった領収書の金額に、自分でゼロを1つ足してしまいました」。

意図的かつ非常に悪質な脱税です。絶対にやめてくださいね。

「誰かから領収書を安く買う」も当然ＮＧ

「オークションサイトで宛名なしの領収書が安く売られていたので、購入しました」。

一時期流行ったようですね。サイト側から売買禁止の通達が出ているようですが、絶対にやめておきましょう。

「サラリーマンの友人から『ごめん、ウチの会社ではこの領収書処理できないんだよ。領収書を半額で買ってくれない？』と言われて、友人を助けるためと思い、仕方なく買いました」。

友情はわからないでもありませんが、これも脱税行為にあたります。友

情とお金の問題は区別して考えましょう。

「友人と2人で飲みに行って、料金は2万円。友人に1万円渡し、友人のクレジットカードで支払いをしました。自分が2万円の領収書をもらいました。友人はクレジットカードの明細だけで2万円の経費を算入するようです。1万円ずつしか使っていないのに、お互い経費算入額は2万円。なんだかすごく得した気分です」。

浮かれている場合ではありません。これも立派な脱税行為ですし、意図的にやっているのなら相当悪質です。絶対にやめてください。

こういった不法行為を行っていると、==バレたときには追徴税額が発生し、さらに重加算税が35％、延滞税も取られることがあります。故意的で悪徳なものだと判断されれば、刑事罰も科せられます。==

何も良いことはありませんので、絶対にやめておきましょうね。

他人のレシートをもらう

オークションで領収書を買う

金額に0をひとつ書き足す

商品券を取引先に渡したことにして備品を購入

Q. 印字が薄くなった領収書やレシートは？

A. 決して上書きしてはいけません。

　領収書やレシートの感熱紙タイプのものは、日に当たると印字部分が薄くなってきますよね。

　「数字部分が読めなくなってしまっては困る」と思い、印字部分を上からなぞりたくなってしまう気持ちはよくわかります。

　けれども、それは絶対にNG。絶対にやらないようにしましょう。なぜなら、文書偽造の罪に問われてしまうからです。前項の「ちょっとくらいはバレませんよね？」（200〜201ページ）で「もらった領収書の金額に、自分でゼロを1つ足してしまいました」という例を紹介しています。意図的であるかないかで悪質性に大きな違いはありますが、同じ意味合いを持ってしまうのです。

薄くなってしまったら、どう対処するのがいい？

　では、どうすれば良いのでしょうか？　私がオススメしたいのは、次の対処法です。

　＜薄くなってしまったら＞

　薄くなった領収書またはレシートのコピーを取ります（濃度が調整できるコピー機であれば濃くして取ります）。コピーのほうに、薄くなっている部分を補填するメモ書き（金額はいくらなど）をしておき、コピーと原本をホチキスで止めて保管しておきます。

　＜薄くならないために＞

　日に当てると薄くなってしまうので、すぐに封筒などに入れて日に当たるのを防ぎます。オススメの保管のしかたは、次項（203〜205ページ）で解説しているので読んでみてください。

Q. 領収書やレシートの保存方法は？

A. 封筒とファイルで簡単に整理・保存を。

領収書は、税法上保存すべき「帳簿書類」に属しており、「青色申告者は7年間、白色申告者は5年間保存しておくように」と定められています。

保存する場所は、所在地（事務所があれば事務所、自宅兼事務所の場合は自宅）ですが、「税務調査などのときにすぐに領収書類を手元に用意できるかどうか」が大事なので、保存スペースがない場合は、「レンタルスペースを借りて保存する」「実家に預ける」などでも良いでしょう。また、領収書を見る前に、税務署は基本的に総勘定元帳（複式簿記においてすべての取引を勘定科目ごとに記録していく帳簿）を見ます。この総勘定元帳はすぐに確認できる状態である必要があるため、保存場所に困る場合は、CD-ROMに落とし、データとして保存しておくのも良いでしょう（税務調査時は要印刷）。

余談ですが、領収書は電子データで保存（電磁的記録）ができるようになりました。けれども税務署からの承認や、タイムスタンプと呼ばれる電子署名が必要であったり……とかなり大変です。また、決算書や貸借対照表は紙で管理しないといけないので、個人事業主や小さな企業にはあまりオススメとは言えません。

手間をかけずに領収書やレシートを整理・保存する

では、領収書やレシートの整理・保存はどのように行うと良いでしょうか？

さまざまな本でよく紹介されているのは「A4サイズのコピー用紙に日付順に貼っていきましょう」というもの。けれども、この方法が最適なのかというと少々疑問を感じます。領収書が重なってしまい、見づらいのです。

領収書の整理は税法上義務付けられていますが、その目的は、「どのような勘定科目で月々どのくらいの支出があるかを自分自身で把

握するため」

「確定申告資料の作成に際し、正しく漏れのない経費を算入するため」

「税務調査で『○年○月○日に、○○に支払った領収書を見せてください』と聞かれた際、すぐに出せるようにしておくため」

　です。そこで、簡単な方法としてオススメしたいのは、以下の手順での整理・保存です。

　1）角2封筒を用意する。そして、表に「○年○月分」と大書する

　2）できるだけこまめに（できれば領収書をもらったその日のうちに）会計ソフトなどに入力する

　3）角2封筒の中に、該当月の領収書やレシートを入れる

　たったこれだけです。これが最低限のやり方です。すぐに封筒に入れて保存しておけば、「印字が薄くなる」（202ページ参照）という問題も避けられます。

　余力があれば、

　4）領収書やレシートを「接待交際費」「消耗品費」「旅費交通費」などの勘定科目で分け、それぞれをクリップで留めておく

　までやってください。そうすれば、さらに整理された状態になります。

　なお、請求書の保存方法もさまざまですが、この角2封筒の中に入れてしまって良いでしょう。

　最後に、

　5）1年分の封筒を保存箱などに入れ、油性ペンなどで「○年分証憑書類」などと書いておく（その他帳簿書類もこの箱へ入れておきましょう）

　そうすれば、あまり場所を取らず保存できます。次ページのイラストで整理・保存手順を解説しています。

　なお、個人事業主の場合、「スーパーで仕事に使う文房具と夕食の食材を一緒に買った」といったように経費と家事費が混ざることがあります。こういうときは、領収書ではなく、商品明細が記載されるレシートをもらい、経費になる項目にだけ○をつけたりラインマーカーを引いたりして、「これだけが経費です」とわかるようにして保存しておきましょう。

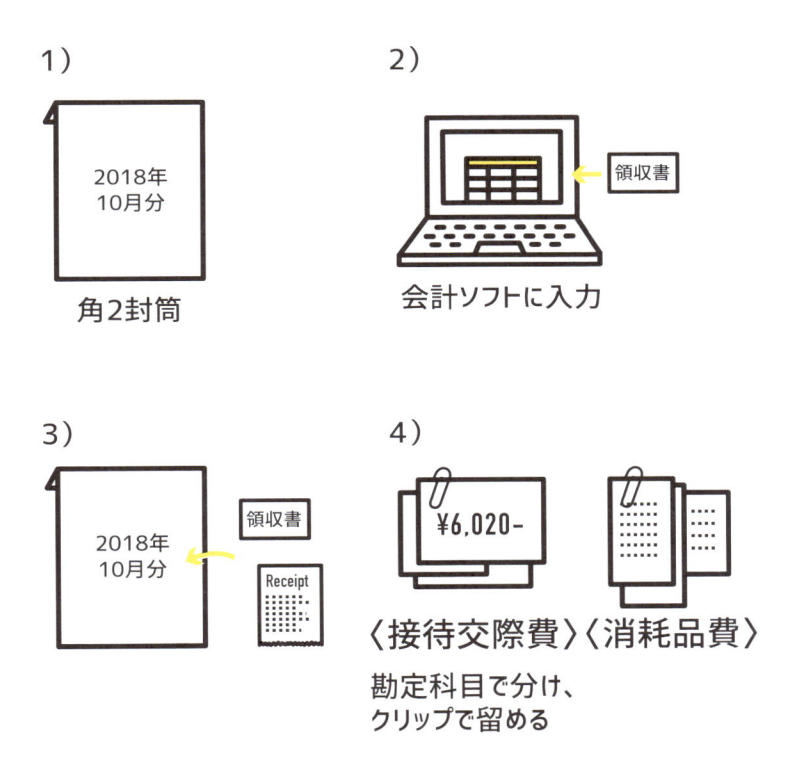

1）

2018年
10月分

角2封筒

2）

領収書

会計ソフトに入力

3）

2018年
10月分

領収書

Receipt

4）

¥6,020-

〈接待交際費〉〈消耗品費〉

勘定科目で分け、
クリップで留める

5）

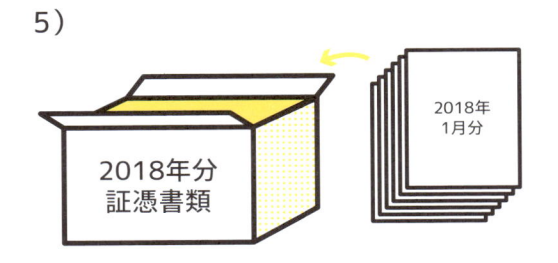

2018年分
証憑書類

2018年
1月分

Q. 経費に上限はありますか？

A. ありませんが、使い過ぎには注意を。

　個人事業主の場合、基本的に経費に上限はありませんが、減価償却できる金額には上限があります。定額法や定率法で定められた金額以上は、たとえ償却しても税法上は経費として認められないのです。しかし、それ以外はいくら経費が多額になったとしても、法律上は問題ありません。

個人事業主は接待交際費に上限なし

　個人事業主の方が特に気になるのは、接待交際費ではないでしょうか。なぜなら、法人の場合「資本金1億円以下の中小企業は年間800万円までしか接待交際費を経費に入れられない」「資本金1億円以上の企業は一部飲食費を除き、接待交際費を全額入れられない」と決まっているからです。けれども、個人事業主の場合、これは適用されません。「接待交際費に上限なし」です。「売上を上げたいと思い、年間500万円を接待交際費で使いました。けれども、売上はゼロでした」ということであっても、業務上必要であれば否定しようがないのです。そういう意味で接待交際費は、個人事業主にとって"使いやすい"勘定科目と言えるかもしれません。

　余談ですが、「大企業が接待交際費ゼロではさすがに」という配慮から、「飲食代で1人5000円以内なら経費で処理できるようにしましょう」となりました。こうして生まれたのが「会議費」という勘定科目です。将来、法人化を考えているなら、今のうちから接待交際費と会議費を分けて経費算入する習慣をつけておいたほうが良いでしょう。

そもそも赤字続きでは生活していけない

　ただ、上限がないとはいえ、まったく売上がないのに、接待交際費だけ

どんどん算入しているとどうなるでしょうか？ 「自分が全部もらえるが、自分で全部支払う」立場であり、「収入－経費＝事業所得」となる個人事業主ですから、赤字が膨らみ、現金がどんどん減っていくことになります。生活が苦しくなっていくだけで、手元資金が尽きれば破産するしかなくなってしまいますよね。**経費に上限なしと言っても、自らの財政状況を考えると"上限"は必然的に決まってくるわけです。**

　また、何年も赤字を続けていると、どうなるでしょうか？

　まず、事業の存在意義を問われます。例えば、金融機関に融資を申し込んだとしても、赤字の事業主に貸したところで返ってくる見込みは低いと判断され、融資が下りない可能性が高くなります。

　また、「赤字」とは、事業所得がマイナスであることを意味しています。人は基本的に稼いだお金を使って生活をしているので、赤字では生活が立ちゆかなくなるわけです。

　もしも何年も赤字なのに生活できていたとしたら、「なぜだろう？　どうやってお金を得ているのだろう？」と税務署からも疑いの目を向けられる可能性があります。

　なお、個人事業主にとって"使いやすい"接待交際費に対し、"使いづらい"のが福利厚生費です。そもそも本人や家族には「福利厚生」という概念が存在しません。あくまでも従業員のための勘定科目なのです。また、従業員目的であってもさまざまな要件を満たす必要があります。

Q. 古本を古書店に売ったお金は?

A. 事業に無関係なら収入になりません。

　事業としてやっているわけでなければ、「生活動産」といって、収入にはなりません（家や土地は除きます）。例えば、自分が読んだ古本を古書店に売っても、自分が普段着ている古着をメルカリなどのオークションサイトで売っても、所得税の対象にはならないのです。

　ただ、事業として使っているものであれば、古本であれ、古着であれ、売上に計上すべきです。

　ここで、大きな生活動産である、車を売った場合のことを考えてみましょう。

・事業で使っている車を売ったら、譲渡所得として売上に計上する
・プライベートで使っている車を売ったら生活動産なので計上不要
・事業でもプライベートでも使っている車を売ったら、経費の按分の割合（7日のうち5日事業で使っていれば7分の5。くわしくは66〜67ページ参照）をもとに、事業割合だけ譲渡所得として売上を計上する

というのが妥当です。

下取り価格が帳簿価格を上回ると所得税がかかる

　なお、減価償却部分が残っている備品を売った場合、残りの減価償却部分はすべて経費にできます。

　また、下取りに出した際、下取り価格が現在の帳簿価格（減価償却部分を引いた金額）を上回っていたとしたら、その得した部分に関しては所得税がかかります。例えば、600万円で買い、今は100万円の帳簿価格の車があるとします。これを110万円で下取りしてもらった場合、差額の10万円には所得税がかかるのです。

Q. ポイントカードのポイントは？

A. ポイント控除後の金額で経費算入を。

　家電量販店をはじめ、今やさまざまなジャンルの店舗で実施されている「ポイント還元」。会員になったり、商品を購入したりするとポイントが交付され、次回以降の商品購入時にポイント分の割引が受けられるというサービスです。ほとんどの方が、何かしらのポイント還元サービスを利用しているのではないでしょうか。

ポイントで購入した領収書を 経費に入れてはいけない

　では、「商品・サービス価格からポイント分が差し引かれ、定価よりも安く購入できた場合」はどのように経費算入すれば良いのでしょうか？この場合、「ポイント控除後の金額で経費算入する」というのが正解です。

　たまったポイントは、使った時点で雑所得になります。そのため、はじめから経費に算入しなければ何の問題もないのですが、例えば「たまったマイルで飛行機に乗り、そのチケット代を経費に入れてしまいました」となると、過大計上になってしまうのです。

　オススメは、たまったポイントは事業用には使わず、プライベート用の買い物をする際に使うこと。そうすれば、「ポイント控除後の金額で経費算入する」必要もないですし、うっかり過大計上してしまうミスも犯さなくて済むからです。

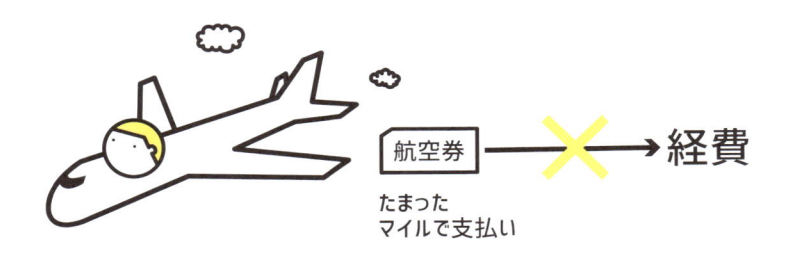

航空券　→　× 経費

たまった マイルで支払い

Q. 馬券や宝くじが当たった場合は？

A. 競馬は50万円超から課税対象です。

馬券が当たると、一時所得となります。

払戻金から馬券の購入金（当たり馬券を1000円購入した場合は1000円）を引き、さらにそこから特別控除額50万円をひきます。その残額の2分の1が課税対象となります。税率は、所得税率と同様です。

50万円以下の当たり馬券の場合は、特別控除額の範囲に収まってしまうため、一時所得はゼロとなります。

ところで、外れ馬券は経費になるのでしょうか？　過去の判例から考えると、毎週土日に馬券を買っている程度では認められないようです。「儲かる競馬予想ソフトを購入または開発し、ソフトの予想に従ってたくさんのレースの馬券を買っています」というレベルまでいけば、それは事業であるという判断で経費にできると思います。なお、判例では「競輪も準ずる」と書いてあるものの、競艇はなぜか書いていません。

宝くじが2億円当たり、2人で分ける場合は……

宝くじは、非課税です。なぜなら、購入金額の40％が自治体に納められているからです。つまり、購入した時点で"納税"しているわけです。にもかかわらず、当選金から所得税を引いてしまうと二重課税になってしまうので、当選金には課税されないのです。

注意したいのは、高額な当選金を2人で分けるときです。1人が銀行に取りに行き、後で2人で分けると贈与税が発生していまいます（基礎控除が110万円なので、それを超えた金額を贈与した場合）。2億円当たったら「共同購入者」として2人で銀行に取りに行き、「お互いに1億ずつ」という通知をもらいましょう。そうすれば贈与税はかかりません。

Q. 個人事業主の免税事業者の要件って？
A. 課税売上1000万円が1つの目安です。

　商品やサービスを提供し、相手に請求書を出す場合、**個人事業主は本体価格に消費税を加えて請求することが可能です。**例えば、10万円の請求であれば「10万円＋消費税」で請求できます。

　受け取った消費税は、収入ではなく預かったもので、本来は税務署に一括で納める必要があるのですが、以下の要件を「満たさない」場合は、消費税の納税義務を免除される（＝免税事業者）のです。「えっ、預かったものなのに、なぜ免除されるの？　益税（消費者が業者に支払った消費税の一部が、納税されずに業者の利益となってしまうこと）ではないの？」と税法学者の間でも議論になっているのですが、収入が小さい事業者のための救済措置的な考え方があるようです。

次の要件を「満たしていない」場合に免税事業者になる

　ただし、以下の1）～4）の要件のどれか1つでも「満たしている」と、免税事業者にはなれません。

1) 基準期間における課税売上高が1000万円超
2) 特定期間における課税売上高または給与等支払額が1000万円超
3) 消費税課税事業者選択届出書を提出している
4) 納税義務の免除の特例により課税事業者となる

　基準期間、課税売上、特定期間、消費税課税事業者選択届出書、納税義務の免除の特例など、難しい言葉に解説を加えていきます。

　「**基準期間**」……原則として、その年の前々年のことを指しています。平成30年分の確定申告における基準期間は、平成28年1月1日～平成28年12月31日となります。

　「**課税売上**」……課税売上とは、「何かを売った」「何かを受託した」

といった、いわゆる「売上」の金額のことです。1000円のものを売ったら、課税売上は1000円です。仕入れ原価その他を差し引いて最終的に自分の手元に残る収入がいくらであるかは関係ありません。

「特定期間」……原則として、その年の前年の1月1日から6月30日までの期間を指しています。平成30年分の確定申告における特定期間は、平成29年1月1日〜平成29年6月30日となります。

「消費税課税事業者選択届出書」……設備投資などにより、納める消費税が多額になることが予想できる場合に届け出ます。敢えて課税事業者となることで、消費税の還付を受けて節税が可能になるからです。

「納税義務の免除の特例」……相続人（受け取る側）の期間中の課税売上高が1000万円以下であったのに、被相続人（渡す側）の期間中の課税売上高が1000万円超であった場合などがこれにあたります。

以前は3000万円、現在は1000万円

要件の中でも、多くの個人事業主に関係してくるのは1）の「基準期間における課税売上高が1000万円超であること」ではないでしょうか。

課税売上高は、いわゆる「売上」の金額のことです。1000円のものを1万個売った時点で、最終的に自分の手元に残るお金がいくらであろうと課税売上は1000万円となります。ですから、**仕入原価の高い事業をしている事業者であれば、「課税売上1000万円」は比較的すぐに到達してしまうラインです。**

平成16年3月までは、課税売上3000万円までは免税事業者として扱われてきました。"3000万円"時代は免税事業者対象となる個人事業主は多かったのですが、そのラインが大幅に引き下げられたわけです。「益税ではないの？」という議論を解消する動きの1つと言えるでしょう。

簡易課税制度とは？

では、免税事業者から課税事業者になったら、どうすれば良いので

しょうか？　確定申告時にしかるべき計算（預かった消費税額から支払った消費税を引いて……という計算が必要なため、納めるべき消費税の算出はかなり複雑です）をして、納めるべき消費税の金額を算出します。そして、3月31日までに税務署などに納める必要があります。

　なお、**基準期間の課税売上が5000万円以下なら選べる「簡易課税制度」という制度があります**（事前に税務所に届出が必要です）。通常の課税を原則課税と呼ぶのに対し、「課税売上の消費税に『みなし仕入率』を掛けるだけで消費税の納付額を計算できる」という簡単な方法であるため、こう呼ばれます。みなし仕入率に関しては、表のとおりです。

　このメリットは2つあります。

1）納めるべき消費税の計算がとても簡単になる

　課税売上の消費税額にみなし仕入率を掛ければ良いだけなので、納付する消費税額の計算がとても簡単で事務的負担が減ります。

2）人件費が多い事業の場合、税負担が減る

　簡易課税制度は、人件費が「みなし仕入率」よりも多い事業であれば合法的に節税できます。なぜなら、給与などの人件費は課税仕入れにならないからです。みなし仕入れ率が50％であるサービス業で、給与総額が課税売上の60％を占めている場合、原則課税で納税額を計算すれば、「預かった消費税」から控除できる「支払った消費税」は4割以下の金額です。簡易課税では半分を「支払った消費税」とできるため、簡易課税を選択したほうが節税になるのです。

業種・業界	みなし仕入率
第一種事業（卸売業）	90%
第二種事業（小売業）	80%
第三種事業（製造業等）	70%
第四種事業（その他の事業）	60%
第五種事業（サービス業等）	50%
第六種事業（不動産業）	40%

個人事業主と法人、
どっちが得なの？

個人事業主が法人化することを「法人成り」といいます。個人事業主が法人化する大きな理由の1つが、「ある所得ラインを超えると、法人のほうが所得税などの税率が低くなり、所得が増えるから」です。この「ある所得ライン」が、法人成りの目安と言われています。

課税所得がいくらになったら法人成りを検討すべき？

まずは、216ページにあるシミュレーション表をご覧になってください。細かい数字は気にしなくてけっこうです。課税1000万円の手前あたりで個人所得と法人所得のグラフが入れ替わっているのがわかりますか？

課税所得に対する税金（所得税、復興特別所得税、事業税、住民税など）の割合のことを「実質負担率」といいます。法人成りのメリット・デメリットを税負担の面からのみ考える場合、実質負担率に注目します。

平成30年4月時点での税制をもとに計算をしてみたところ、課税所得が900万円を超えてくると、法人の所得1000万円と同じくらいの負担率になりそうです。つまり、「個人事業主として900万円以上の課税所得がある場合、法人成りを検討しても良い」と言えそうです。

900万円を超えて以降は、課税所得が大きくなればなるほど、実質負担率に大きな差が生じます。課税所得が5000万円になった場合、法人の実質負担率が35.30%であるのに対し、個人事業主の場合は54.23%。実に18%以上（＝900万円以上!）も実質負担率が変わってくるのです。

法人となって、自分が必要な分だけ給与としてもらうことにすれば、税金を安く抑えることができ、法人にお金を貯めておけます。個人では自分

に支給できない退職金も、法人であれば支給することができます。

　また、個人で所得2000万円を超え、かつ、一定以上の財産を保有していると、株、土地、預金などの固定資産について記載する「財産債務調書」の提出義務があるのですが、この作成がとても大変です。

　つまり、個人で所得を稼ぎ過ぎるとお金が貯まりづらいのです。数千万円も所得があるのであれば、迷わず法人化をオススメします。

法人成りした場合のメリット・デメリット

　法人成りの目安を税の実質負担率という点から考えてみましたが、それ以外にはどんなことが変わるのでしょうか？

＜会社から給与をもらう形になる＞

　個人事業主は「自分で全部支払い、残った分は自分が全部もらえる」という形なのですが、法人化すると、たとえ代表取締役であっても「会社から一定額の給与を支給される」という形に変わります。報酬額は「月額50万円」などと自分で自由に決められますが、「定期同額」（各期の最初に報酬額を決定し、原則、期の途中で金額を変えられない）でないといけません。これは「今期はたくさん利益が出そうだから、自分の給料を上げて利益を減らそう」といった利益操作を防ぐためです。

＜家族に給料が払いやすくなる＞

　個人事業主の場合、配偶者や子供に給与を払うには青色事業専従者給与に関する届出書を税務署に提出するなど手続きが必要で、支給できる給与額も限定されていました。そういった煩わしさは法人化でなくなるため、家族で事業を経営している小さな法人も数多く存在しています。

＜福利厚生がやりやすくなる＞

　福利厚生費は、個人事業主が使いづらい勘定科目でしたが、法人化すると福利厚生費としての適用範囲が広がります。

＜信用度が上がる場合も＞

　「個人とは取引できない」「法人のほうが融資しやすい」という場合もあるので、一般的には法人化したほうが信用度は上がると言われていま

す。

<登記費用がかかる>

　法人になると法人登記をする必要がありますが、登記には費用がかかります（司法書士などに代行を依頼する場合、平均して十万円ほど＋印紙代）。また、「引っ越して代表者の住所が変わった」など登記簿に記載された内容が一部でも変われば、変更登記を行い、税務署に届け出る必要があり、そのたびに費用がかかります（司法書士などに依頼して平均3万円ほど＋印紙代）。

<申告書が増える>

　申告書が増えます。個人事業主の所得税の申告書は個人でも頑張れば作れますが、法人の申告書は税法や簿記に精通していないと作れないレベルになります。税理士事務所と顧問契約を結び、税務を見てもらうところも多いのですが、それにより月々の顧問料などの経費が発生します。金額は、税理士事務所によって異なります。

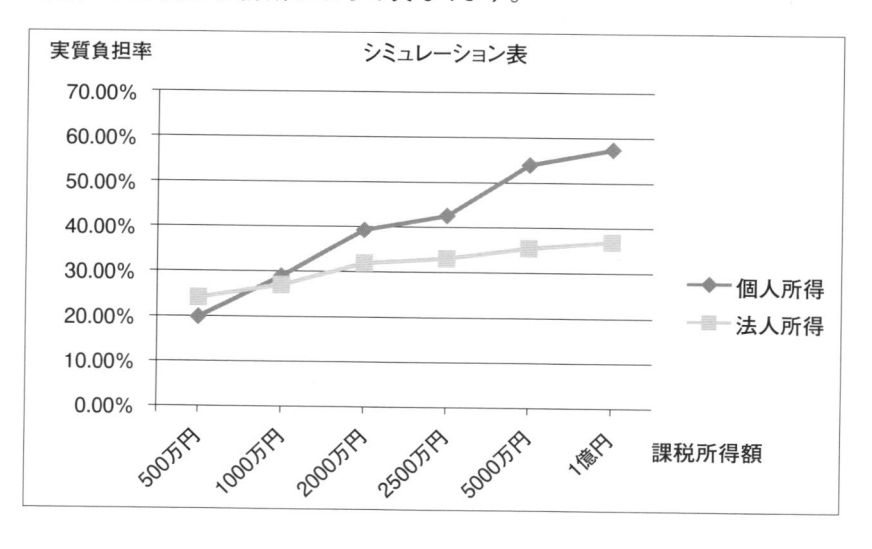

ひとめでわかる 本文用語解説

- 減価償却って何？
- 按分って何？
- 源泉徴収とは？

「シロ・クロ編」で頻出する用語を、
わかりやすく深掘り解説。
気になるキーワードのページを開き、
さらに理解を深めましょう。

領収書、レシート、出金伝票

支払いをしたら、支払った"証拠"として必ず領収書かレシートをもらいましょう。やむを得ず領収書やレシートがもらえない場合のみ、出金伝票を切ります。

領収書

感熱紙に印字するタイプのものと、手書きするタイプのものがあります。宛名、日付、金額、但書を入れてもらうようにしましょう。特に宛名は重要です。また、「誰と、何のために」など、領収書だけでは不足している情報は、余白や裏側にシャープペンシルなどでメモしておくと良いでしょう。

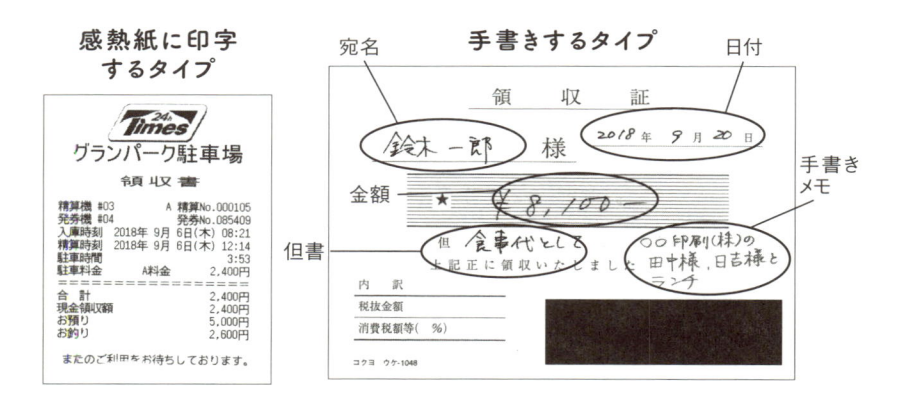

レシート

感熱紙に印字するタイプのものがほとんどです。「領収証」という記載があるものも多いです。業務上必要なモノと家事関連のモノを一度に購入した場合は、業務上必要なモノだけにラインマーカーを引くなどして、「これだけを経費算入します」ということを明らかにしておくと良いでしょう。

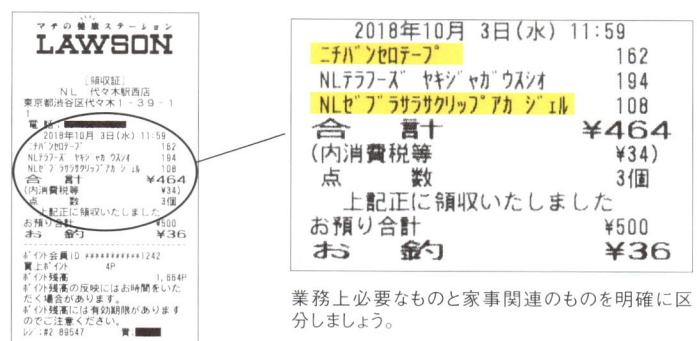

業務上必要なものと家事関連のものを明確に区分しましょう。

出 金 伝 票

「会議で飲むお茶を自動販売機で購入した」「慶弔関連の出費があった」など、領収書をもらえない、あるいはもらいづらい場合は、やむを得ず出金伝票を切ります。日付、支払先、勘定科目、摘要（誰と、何のために）、金額の欄を手書きで埋めます。出金伝票は、文房具店で購入してもいいですし、インターネット上で雛型を探して使用しても、エクセルで自作してもOKです。

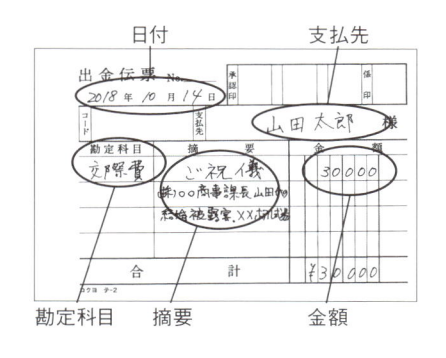

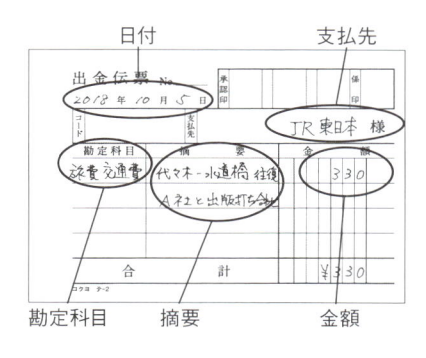

関 連 ペ ー ジ

P.24, 25, 30, 32, 39, 62, 84, 102, 108, 109, 112, 113, 124, 125, 130, 132, 138, 147, 156, 158, 159, 181, 186, 187, 192, 193, 194, 195, 196, 197, 198, 199, 200, 201, 202, 203, 204, 209

減価償却
げん か しょうきゃく

　減価償却とは何かをわかりやすい言葉で端的に表現すると「長期間使う10万円以上のモノを買ったら、1年で経費にせず、毎年毎年、価値が減った分だけ経費にしましょう」となります。つまり、「長期間使うなら、一度に全部は経費にできないよ」ということなのです。

次の場合は、減価償却の必要ナシ

　「取得価額（購入代＋設置費用などの付随費用）が10万円未満」または「使用期間が1年未満」なら、減価償却の必要はなく、その年に全額経費にして構いません。付随費用とは、エアコンを例に挙げると、取り付け費用であり、その資産を使える状態にするための費用をいいます。

　要するに、「込み込みで10万円未満なら、減価償却を考える必要はない」ということ。

　「金額が非常に高いのに使用期間は1年未満」であるため減価償却する必要ナシというのは、例えば期間限定告知のHPやCMが該当します。今年の夏限定キャンペーンの告知をするHPの制作に支払った費用が100万円だったとします。使用できる期間は1年以内なので、これも販売促進費などで、1年で経費化してOKです。

減価償却が必要な場合とは？

　上記の条件から外れる場合、つまり「取得価額が10万円以上」または「使用期間が1年以上」の場合は、一度資産に計上し、一定の期間で償却する必要があります。なお、「10万円未満か」を計算する際、注意すべきは、「1セットで考えているか？」ということ。応接セットであれば、「ソファーがいくら、テーブルがいくら」ではなく、セットで10万円かどうか。単体としては使わないものは、セットで考えます。パソコンも、本体、キーボード、モニターを含め、全部でいくらかを計算してください。カーテンも、片側だけではなく、両側合計で計算します。

小型車と大型車では償却期間が違う

どういったモノを何年で償却すればいいのかは、「法定耐用年数」で定められています。「法定耐用年数」でネット検索すると、国税庁のHPなどに詳しく掲載されています。

https://www.keisan.nta.go.jp/survey/publish/52714/faq/52788/faq_52831.php

例えば、建物、車両・運搬具、器具・備品、生物……などの大区分があり、さらに構造・用途や細目別に分かれています。同じパソコンでも通常に使用するものの法定耐用年数が4年なのに対して、サーバー用のものは5年と差があります。運送事業用の自動車も、2000cc以下の小型車なら3年ですが、3000cc以上の大型車になると5年になります。競走馬は4年、梨の木は26年など、動物や樹木などにも減価償却の概念が適用されます。

自分の調べたいモノがどこに該当するかわからず、法定耐用年数が調べられない場合は、管轄の税務署に問い合わせると教えてくれます。

青色申告の人には減価償却の特例アリ

ここまでは確定申告が白色の人にも該当する減価償却の話でしたが、このブロックでは青色申告を行う人に限った特例の話をしていきます。

・2020年3月31日まで（※延期される可能性あり）に購入した取得価額が30万円未満の資産……「少額減価償却資産」として、1年で全額経費算入できる。ただし、合計300万円までを上限とする（29万円×10個などの経費化が可能）

・取得価格が10万円以上20万円未満の資産……合計額を3年間で均等償却でき、法定耐用年数よりも早く経費化できる。ただし、3年経つ前に壊れたため捨てたとしても、廃棄損などで経費化できないのがデメリットでもある

以上のような特例を理解し、上手に経費算入したいですね。

青色なら、定額法か定率法かを選ぶこともできる

　減価償却の代表的な方法としては、「定額法」と「定率法」があります。定額法は「取得価額を法定耐用年数で割った一定額を、毎年経費にできる」方式。対して定率法は「取得価額に定められた償却率をかけた金額を、毎年経費にできる」というもの。定率法を選ぶと、早い期に多くの金額を経費にできます。

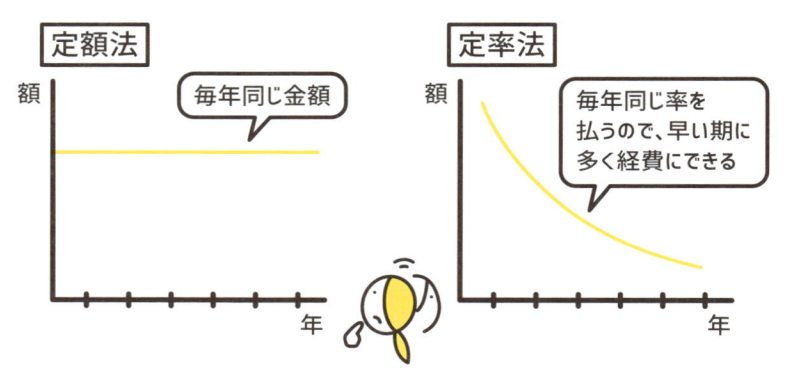

個人事業主の場合、すべて定額法で減価償却費を計算するのが原則ですが、機械装置、車両運搬具、器具備品については定率法を選ぶことも可能です。経費にできる金額が多いと、その分税金が少なくなり、投資を早く回収できるので、定率法を選択する人も多いようです。

　定額法、定率法の他に、生産高比例法（稼働した分だけ）という方法もあります。ただし、定率法や生産高比例法で減価償却したいモノがある場合、適用したい年の確定申告期限までに届出書を出す必要があるので注意してください。

関連ページ

P.35, 47, 48, 53, 54, 56, 57, 66, 78, 154, 162, 206, 208

あんぶん
按分

「1つの支出を経費の部分と家事費の部分に分けること」を「按分」といいます。

　税法上は、「経費の部分を明確に区分」と書かれていますから、「按分」と「区分」は基本的に同じ意味です。また、所得税青色申告決算書（一般用）の「減価償却費の計算」の欄には「事業専用割合」という言葉が使われていますが、「按分して経費になる割合」と「事業専用割合」は同じ意味です。

　按分の基準は、床面積（自宅兼事務所の家賃）、使用時間（ワンルームの自宅兼事務所での電気代）、使用日数（業務とプライベート兼用の自動車）など、按分するものによって何が最適なのかが変わります。ただし、「シロ・クロ編」で何度も書いてきたように、「客観的で合理的か?」、つまり<mark>誰が見ても「たしかにそうですね」と納得できる割合で分けていることが重要なのです。</mark>

　なお、按分表記の仕方も「○％」「○割」「○：○」などさまざまですが、すべて同じ意味です。

按分

関連ページ

P.19、50、51、53、54、55、60、61、62、63、66、69、73、78、79、89、94、95、97、99、105、111、149、152、160、161、162、163、164、165、168、169、188、208

消費税
しょう ひ ぜい

「課税売上」「課税仕入」「課税事業者」などの「課税」は「消費税がかかること」を意味しています。「不課税」はその逆で、「消費税がかからないこと」を意味しています。消費税は、簡単に言えば「日本国内で消費されるモノやサービス」にかかる税金です。

次の4要件を満たすと「課税取引（消費税がかかる取引）」になります。

1. 国内において行われるものであること
2. 事業者が事業として行う取引であること
3. 対価を得て行う取引であること
4. 資産の譲渡、貸付けおよび役務の提供等に係る取引であること

「不課税」とは何か？

上の4要件を1つでも満たさない場合は、「不課税」になります。

要件1を満たさない場合として、「国外資産の譲渡」が挙げられます。例えば、ハワイにある不動産を販売したとしても「国外」の取引であるため消費税はかかりません。ところが、モノを輸入する場合、そのモノは日本国内で消費される（＝国内取引と見なされる）ため、消費税がかかります（＝課税）。そのため、輸入による仕入は「課税仕入」になります。なお、少しややこしいのですが、輸出は免税取引（0％課税）という位置付けになります。

要件2を満たさない場合としては、「個人がいらなくなった洋服をネットオークションで売った」といったケースです。事業者が事業として売ったわけではないので、消費税がかかりません（＝不課税）。

「非課税」とは？

また、課税取引であっても、非課税になるものがあります。国税庁のHP「No.6201 非課税となる取引」のページに詳しく掲載されていますが、「居住用住宅（事務所は別）の家賃」「借入金や預金の利息」「クレジッ

ト手数料」「医療費」「車いす」など、いくつかが非課税取引として扱われています。「こういったものまですべて『消費』という概念で扱い、消費税をかけてしまうと、事業者にも消費者にも負担を強いる」という配慮で除外されているのです。

　つまり、基本は「課税取引」なのですが、その中に例外として「非課税取引」があるわけです。

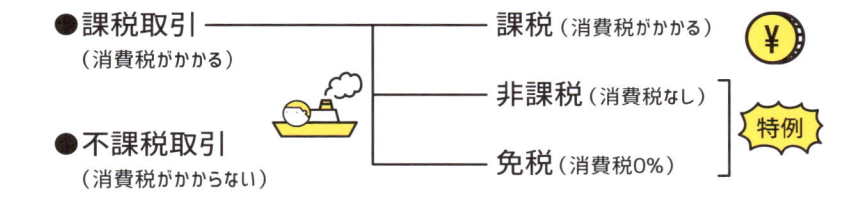

●課税取引────────課税（消費税がかかる）
（消費税がかかる）
　　　　　　　　　　　非課税（消費税なし）
●不課税取引
（消費税がかからない）　　免税（消費税0%）
特例

課税事業者とは？　消費税納税とは？

　課税事業者は、「消費税を申告・納付（還付）しなければいけない人」という意味です。免税事業者は、「消費税を申告・納付（還付）しなくて良い人」です。

　事業者が自分の売上により生じた消費税のことを「預かった消費税」、事業者が経費として支払った消費税のことを「支払った消費税」といいます。毎年3月31日までに行う必要のある消費税納税は、「『預かった消費税』から『支払った消費税』を引いた金額を支払ってください」ということなので、事業者は消費税を支払うことで損も得もしません。1度手元に入ってきたお金を納税するため、「損をした」と感じる人も多いようですが、決してそんなことはないのです。

関連ページ

P.30, 32, 42, 129, 196, 211, 212, 213

給与、現物給与
きゅうよ　げんぶつきゅうよ

　従業員へ支払う給料や賃金のこと。青色申告者が確定申告の際に提出する所得税青色申告決算書には「給料賃金」と書かれています。金銭で支給するものを単に「給与」、現物で支給するものを「現物給与」と呼んでいます。

　給与は経費の1つ（44〜47ページ参照）なのですが、個人事業主は源泉徴収義務が生じ、従業員は所得税や住民税などが上がってしまうため、本書の「シロ・クロ編」では注意喚起のために敢えて「クロ」として扱っています。「従業員を無償で社宅に住まわせる」「業務に必要ない自転車を『使っていいよ』と言って従業員にあげた」「従業員の毎月のランチ代を全額支払ってあげていた」などは給与扱いとなります。税務調査が入り、福利厚生費で算入していたものが「これは給与扱いですね」と言われてしまった場合、その分の源泉所得税額を納める必要が出てきます。さらに延滞税（日割りで計算され、後日税務署から金額の連絡がくる）を支払う必要もあります（過去1年間に延滞がなければ免除されることもあります）。また、従業員に過払いした源泉徴収税額分は、そのまま自分で負担するのか、「間違っていたので返して」とお願いするのか……いずれにしても負担が増えるので注意が必要です。

　賞与（＝ボーナス）についても触れておきます。従業員に賞与を「出すか？　出さないか？」「出す場合はいくらか？」は、事業者が決め、従業員と契約時に確認してください。配偶者など青色事業専従者にも賞与を出せますが、青色事業専従者届出書を出す際に記載しておく必要があります。

関連ページ

P.12, 14, 15, 16, 34, 35, 39, 46, 47, 48, 58, 59, 63, 64, 65, 72, 73, 111, 112, 113, 114, 115, 117, 119, 120, 123, 126, 127, 134, 143, 145, 148, 156, 157, 162, 175, 177, 178, 179, 182, 184, 211, 213, 215

税務署、労働基準監督署、ハローワーク

税務署、労働基準監督署、ハローワークについて、個人事業主との関わりを中心に解説します。

＜税務署＞

税務署は国税庁の傘下にあり、所得税や消費税などの国税を取り扱います。全国に500以上存在しています。「開業届などの提出書類を出す」「確定申告書を提出する」「所得税や消費税を納める」など、**個人事業主と非常に関わりが深い組織で、税務相談にも乗ってくれます。**税務調査権という強い権限を有し、個人事業主や中小企業の税務調査を担当しています。「査察（通称マルサ）」の部署を持つ国税庁自体は、資本金1億円以上の大企業などを相手にしているため、個人事業主と直接関わることはありません。

＜労働基準監督署、ハローワーク＞

労働基準監督署（略して労基署）は、全国に321署＋4支署が配置されています。ハローワークは、正式には公共職業安定所と呼ばれ、全国に550以上存在しています。どちらも厚生労働省の傘下です。個人事業主が特に関係するのは、労働保険（労災保険と雇用保険）の加入。①管轄の労働基準監督署にまず届出を出して労災保険に入る→②労基署への届出の控えを持って管轄のハローワークに行き、雇用保険に入る……という順番で手続を行います。なお、**従業員の入退社などの変更があるたびに、労基署やハローワークへの報告が必要となります。また、毎年度申告と納付が必要です。**

関連ページ

P.16、28、31、33、34、36、37、41、42、43、48、63、68、81、83、97、98、103、108、109、113、119、120、127、129、133、151、156、177、190、192、200、203、207、211、213、215、216、228

源泉徴収
<ruby>源泉徴収<rt>げんせんちょうしゅう</rt></ruby>

源泉徴収とは、「給与や報酬を支払う側が、それらを支払う際に所得税を差し引き、受け取る側に代わって国に納付すること」をいいます。

個人事業主が源泉徴収という言葉について考える際は、「給与」と「報酬」の2つのグループに分けて考えます。1つは「給与」（従業員に支払うお金）のグループ、もう1つは「報酬」（外注先に支払うお金、あるいは自分が外注先として受け取るお金）の2つです。

給与の源泉徴収とは？

従業員に給与を支払う個人事業主は、源泉徴収義務者（＝彼らに代わって国に所得税を納付する）という立場です。従業員から源泉徴収をし、定期的に納付する義務があります。毎月の給与だけでなく、賞与や退職金からも源泉徴収をする必要があります。

源泉徴収税額は、従業員によってそれぞれ違います。所得額や扶養家族の人数などで変わってくるからです。各人の源泉徴収税額計算は、国税庁のHPにある源泉徴収税額表などを見ながら算出するしかありませんが、基本給、諸手当から社会保険料控除をして、賞与がある場合は同じプロセスを踏んで……と、かなり複雑な計算です。1人で給与計算を行うなら、「給与ソフト」を使いましょう。有料でも、十分な費用対効果が見込めます。「税理士などの専門家に委ねる」のも1つの方法です。

また、個人事業主が従業員の年末調整を行い、1年間の税金の精算をする必要もあります。従業員全員の毎年の源泉徴収税額などを記載した源泉徴収簿という名簿を作成し、保存します。さらに、従業員全員の給与支払報告書を市区町村などの役所に出す必要もあります。これをもとに役所が計算して住民税が算出されるからです。

なお、従業員が常時10人未満で、かつ申請書を届け出た場合は、「源泉所得税の納期の特例」を受けることができます。通常、源泉徴収税は「支払った（＝徴収した）月の翌月10日まで」に金融機関などで管轄税

務署宛に納付しなければならない（年12回納付）のですが、特例を受ければ、「1〜6月分は7月10日まで、7〜12月分を1月20日まで」の年2回納付で済ませることができるのです。

報酬の源泉徴収とは？

　報酬の場合は、給与とは異なります。報酬とは、いわゆる外注費のこと。フリーランスなど個人事業主の人が業務を委託し、仕事をすればそれらは基本的にすべて報酬となります。外注先に報酬を支払う場合と、外注先として報酬を受け取る場合に分けて考えます。

　外注先に報酬を支払う場合、100万円以下の報酬額の場合は10.21％（100万円を超える場合は、100万円までは10.21％、100万円を超える金額には20.42％）の源泉徴収を行います。そして、源泉徴収した金額を、「支払った月の翌月10日まで」に金融機関などで管轄税務署宛に納付しなければなりません。給与の源泉徴収には納付の特例がありますが、報酬に関しては納付の特例はありません。

　外注先から報酬を受け取る場合、100万円以下の報酬額の場合は10.21％（100万円を超える場合は、100万円までは10.21％、100万円を超える金額には20.42％）の「源泉徴収後の金額」で振り込まれます。年明けになると支払先から「あなたにこれだけの源泉額を徴収して支払っていますよ」という支払調書が届くのですが、なかには送ってこないところもあるので、源泉徴収額は自身でしっかりと把握し、確定申告書に記載するようにしましょう。

関連ページ

P.16、28、29、39、40、46、59、72、112、115、117、120、123、126、143、145、175、177、226、230、234

所得税、住民税、個人事業税

所得税、住民税、個人事業税について、それぞれ解説していきます。

所得税とは？

所得税は、個人の所得に応じて課される税金です。次のような流れで最終的に納税額が決定します。

●収入-費用＝事業所得

●事業所得-所得控除（基礎控除や生命保険料控除、
　社会保険料控除、扶養控除など）＝課税所得

●課税所得×所得税率-税額控除
　（ふるさと納税、住宅ローン控除など）-予定納税額-源泉徴収税額

納税額決定

所得税は、3月15日（土日祝日の場合は翌月曜日）までに納めましょう。3月15日当日に確定申告書を郵送する場合には、ポストには投函せず、郵便局に持ち込みます。特定記録郵便にして「どこどこの税務署に送った」という証明をもらい、その証明書を持ってすぐに隣のゆうちょ銀行に足を運び、算出した所得税金額を納める必要があります（※期日ぎりぎりにならないようにしましょう）。

また、個人事業主の場合、本体価格から10.21％引かれた金額が発注元から振り込まれることになります。この10.21％分は源泉徴収分なので、確定申告書の「所得税及び復興特別所得税の源泉徴収税額」という欄に、1年間に源泉徴収された金額の総額を記載しましょう。申告書

に書かないと、源泉徴収された分をまるまる「損」してしまうことになります。

住民税とは？

住民税は、住んでいる市区町村に納める税金です。確定申告書を税務署に提出すれば市区町村の役所に所得情報などが回り、それをもとに市区町村が納税額を算出。毎年6月頃に納付書が送付されてきます。ふるさと納税をした場合、税額控除が受けられます。ただし、確定申告書Bの第二表の「住民税・事業税に関する事項」という欄に「寄附金税額控除」という欄があるので、ふるさと納税をした総額を記載しておきましょう。ここに書いておかないと、控除を受けられません。

個人事業税とは？

個人事業主は、個人事業税を納める必要があります。所得税が国に納める税金であるのに対し、個人事業税は都道府県に納める税金です。

確定申告書を税務署に提出すれば都（県）税事務所に回り、毎年8月頃に納付書が送付されてきます。第一期分（8月分）と第二期分（11月分）が入っていて、8月末、11月末がそれぞれの納付期限です。

課税所得が290万円未満の場合、免税となります。それ以上の所得の場合の税率は業種などによって異なりますが、おおよそ5％ほどです。

所得税や住民税と違い、個人事業税は経費になるので、租税公課などで経費算入してください。

関連ページ

P.12, 14, 16, 20, 21, 22, 28, 29, 33, 34, 37, 39, 42, 43, 44, 45, 46, 47, 48, 59, 63, 68, 73, 115, 118, 120, 126, 143, 145, 168, 169, 175, 177, 180, 181, 182, 184, 189, 208, 210, 214, 216, 223, 226, 228, 234

資産／負債、債権／債務、売掛金／買掛金

資産／負債、債権／債務、売掛金／買掛金の関係性について話をしていきます。まずは、下記の図を見てください。

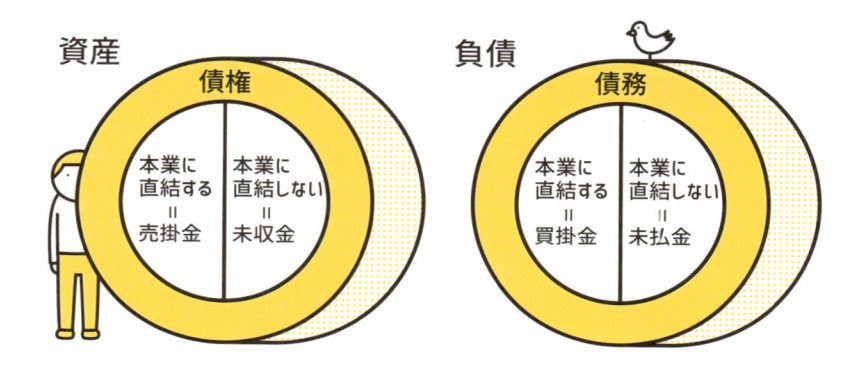

売掛金は、債権の1つであり、資産の1つです。買掛金は、債務の1つであり、負債の1つなのです。 これを踏まえて、それぞれの語句を小さな円から説明していきます。

売掛金／買掛金とは？

売掛金、買掛金は、「本業に直結するもの」という前提があります。本業に直結する未回収のものを売掛金といい、本業に直結する未払いのものを買掛金と呼びます。

卸売業や小売業などモノを売っている事業であれば、仕入れた商品に関する未払いが買掛金、売った商品に対する未回収が売掛金となります。

債権／債務とは？

債権は、わかりやすく言えば「後でもらえるお金」のこと。債務は、「後で払うべきお金」のこと。前述のとおり、売掛金は債権の1つであり、買

掛金は債務の1つです。

　この円は、「本業に直結するもの（売掛金／買掛金）」と「本業に直結しないもの（未収金／未払金）」でさらに区分されます。債務を例に考えると、「配達車両をローンで買った」という場合のローン残額は、「仕入れた商品に関する未払い」と比べると直結感が弱いですよね。ですから、買掛金とはせず、より大きなカテゴリーの未払金と考えるわけです。

　売掛金／買掛金以外で債権／債務に該当するもの（＝未収金／未払金に該当するもの）としては、以下などがあります。

- **債権**……貸付金、立替金、受取手形
- **債務**……借入金、未払給与、未払保険料、支払手形

　ただし、この債権／債務という言葉は、経費について説明する際はよく使われる言葉なのですが、勘定科目の用語ではないので、会計ソフト上や確定申告書類上には出てきません。あくまでも「資産／負債と売掛金／買掛金の間に存在する概念」として覚えておくと良いでしょう。

資産／負債とは？

　これは、「複式簿記、単式簿記」（236-237ページ参照）でも触れますが、貸借対照表は、資産（左）と負債（右）に分かれていて、2つの差額が純資産となります。これにより、財産がひとめで把握できるのです。債権／債務以外で資産／負債に該当するものとしては、以下などがあります。

- **資産**……車両運搬具、建物、有価証券
- **負債**……貸倒引当金

関連ページ

P.34、35、36、37、40、47、48、53、54、59、60、68、69、70、71、76、77、78、82、83、84、92、93、126、154、162、168、169、184、185、186、188、189、192、215、220、221、224、236、237

控除
こうじょ

「控除」という言葉自体には、「差し引くこと」という非常に単純な意味しかありません。けれども、個人事業主の場合、

1) 従業員がいる場合、従業員の給与から「控除」をする
2) 確定申告の際、自分の所得からさまざまな「控除」をして申告する
3) 報酬を振り込まれる際、源泉徴収分が「控除」されている
4) 個人事業主に報酬を振り込む際、源泉徴収分を「控除」する

という4つのパターンがあり、控除という言葉の持つ意味が複雑になっているのです。さらに、控除額の計算方法や控除のルール（全額控除なのか、一定金額を超過した分だけ控除なのか　など）もそれぞれ違うため、より難しく感じてしまいます。すべてを細かく説明することは難しいですが、それぞれについて説明します。

1）従業員がいる場合、従業員の給与から「控除」をする

個人事業主は、従業員に代わって、従業員給与から必要な控除を行い、国などに納める義務があります。代表的なものは所得税控除、社会保険料控除などですが、その他に給与から何を控除するかは契約時に「こういったものを控除します」と伝える必要があります。なお、社会保険料は、半額を従業員の給与から控除し、半額は個人事業主が負担する必要があります。

2）確定申告の際、自分の所得からさまざまな「控除」をして申告する

基礎控除（38万円）のほか、医療費控除、生命保険料控除、社会保険料控除、小規模企業共済等掛金控除などいくつかあり、これらをまとめて「所得控除」といいます。「個人が生活をするために最低限必要な部分には課税しないようにしよう」というのが、所得控除の基本的な考え方です。他にも、シングルマザーに寡婦控除があったり、扶養親族も70歳以上の扶養家族がいる場合は扶養控除が高くなったり、教育費が

かさむ高校生や大学生の子供がいる家庭には特定扶養控除があったりします。

3)報酬を振り込まれる際、源泉徴収分が「控除」されている

あなたが個人事業主として外部から仕事を請け負い、その金額が振り込まれてくる際、支払側は本体価格（※消費税を除いた分）の10.21％（所得税10％＋復興特別所得税0.21％）を差し引いた金額で振り込んできます。10万円＋税の仕事を請け負い、「11万円」で請求書を出すと、「10万円×89.79％＋1万円＝9万9790円」で振り込まれます。

その10.21％分のお金は、支払った側のものになるわけではありません。源泉徴収義務者として、あなたの代わりに支払った翌月10日までに税務署に納付してくれます。

4)個人事業主に報酬を振り込む際、源泉徴収分を「控除」する

逆に、あなたが個人事業主に報酬を支払う場合は、上記の3）で支払側が行っていることを行う（源泉徴収分を引いて振り込み、徴収分を翌月10日までに税務署に納める）必要があるのです。

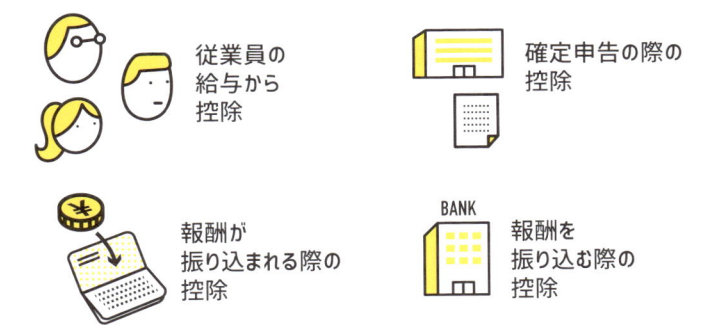

従業員の給与から控除

確定申告の際の控除

報酬が振り込まれる際の控除

報酬を振り込む際の控除

関連ページ

P.14, 21, 33, 34, 35, 39, 65, 72, 85, 140, 141, 146, 147, 150, 156, 157, 166, 167, 172, 173, 175, 180, 181, 182, 183, 209, 210, 213, 228, 230, 231

複式簿記、単式簿記

ここでは、複式簿記、単式簿記のおおまかなイメージを説明します。複式簿記は青色申告をするために必要となる記帳方式なので、複式簿記から説明していきます。

複式簿記とは？

複式簿記では、<mark>事業に関するお金やモノが、「資産」「負債」「純資産」「収益」「費用」の5つの枠に分けられます。</mark>総合的な財産がわかる「貸借対照表」に「資産」「負債」「純資産」の枠が、一定期間の損益額がわかる「損益計算書」に「収益」「費用」の枠があります（損益計算書の左下にある「利益」は、収益から費用を引いた差額なので、枠の1つとして数えません）。少し難しく感じるかもしれませんが、組かいことを覚える必要はありません。「複式簿記にはこういう5つの枠があるんだな」というイメージだけつかめれば良いと思います。

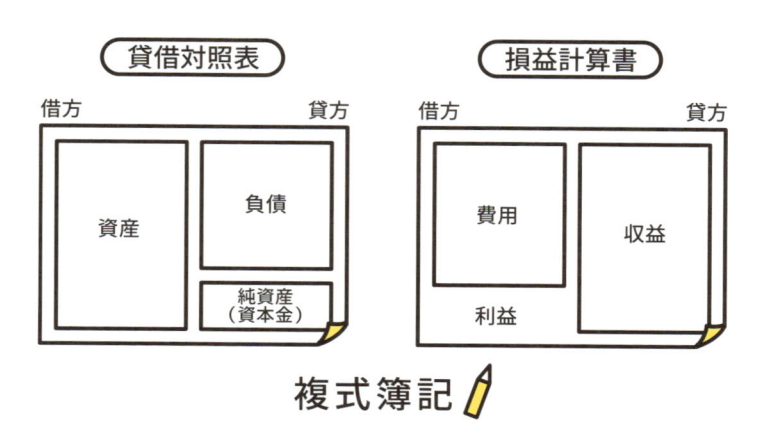

取引には、必ず原因と結果があります。「現金が1万円増えた」（結果）、なぜなら「商品を1万円で売ったから」（原因）という関係性です。

複式簿記は、見た目は難しいのですが、事業活動の1つ1つの原因と結果がすぐにわかり、その活動によって経営状態がどうなっているかが

わかる簿記方式なのです。

　ですから、貸借対照表と損益計算書は必ず連動していますし、貸借対照表や損益計算書それぞれの左側と右側の合計は必ず一致します。

　事業として儲かっているのか、今年は儲かったのかといったことは、損益計算書の「利益」の欄を見たり、貸借対照表の「純資産」の欄を見ればひとめでわかるようになっています。

単式簿記とは？

　対して単式簿記は、おこづかい帳と一緒です。「交通費500円」「売上10,000円」……といった、==入金と出金の結果のみを記載していきます。==エクセルソフトなどで自作可能です。白色申告者の場合は収支内訳書を作成すればいいのですが、それを作成するには単式簿記で十分なのです。けれども、入ってきたものと出ていったものの差額しかわからず、資産がいくらかなども把握できないため、「仕事をもらう相手が限られている」「経費が少ない」「業務を拡大するつもりはない」など、事業内容が非常にシンプルな場合を除いては、オススメしない記帳方式です。

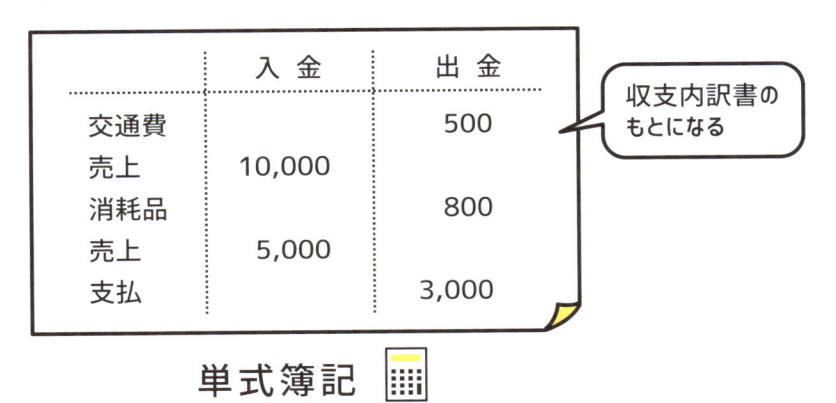

	入 金	出 金
交通費		500
売上	10,000	
消耗品		800
売上	5,000	
支払		3,000

収支内訳書のもとになる

単式簿記 ⊞

関 連 ペ ー ジ

P.34, 37, 38, 40, 233

エピローグ

　本書では、「シロ・クロ編」という章を設け、各項目に対するシロ・クロの目安を示させていただきました。

　ただし、本書に記載していることが唯一の"正解"であるかといえば、そんなことはありません。書かせてもらったのはあくまでも"原則"であることをご理解の上、本書を活用してもらえれば幸いです。

　なぜ、このような断りを、最後になって入れさせてもらうのか？

　それは、業種・業界によって「社会通念」が異なったり、時代の流れの中で「社会通念」が変化したり、また税法も刻一刻と変わっていくからです。

　税法は頻繁に変わります。税法が変われば国税庁ＨＰなどで発表はされますが、メールやハガキで丁寧に税法改正について逐一教えてくれるわけではありません。

　けれども、税に関する知識、お金に関する知識について、国税庁や税務署などに「知らなかった……」と言ったところで仕方ありません。

　何よりも、知らないと結局「自分自身が"損"をする」のです。「時限立法（ある期間まで有効な法律）の特例だったのに、それを知らず、経費として算入したら否認されてしまった」というのは、典型的な例です。また、税とは少し異なりますが、「ハローワークでしかるべき手続きをしていれば、出産や育児や介護で休んでいても給付金がもらえた」なども、「知らなくて"損"をした」例と言えるでしょう。

自分自身でアンテナを張り、知識をアップデートする

では、どうすれば良いのでしょうか?

1つの方法としてオススメしたいのが、新聞に目を通すことです。

税に関する記事や助成に関する記事は、難解な表現も多いため、敬遠しがちという人もいるかもしれません。けれども、自分自身の事業運営に関係ありそうな記事だと感じたら見出しだけでも読んでみましょう。

通常、税制改正大綱という案が年末に提出され、年度内には決定します。ですから、年末〜年度末の新聞記事には特に注目すると良いでしょう。

また、もう1つの方法としてオススメしたいのが、税制改正の解説サイトや、助成金の検索サイトなどを定期的にチェックすることです。ご自身の事業に活用できる情報が掲載されている可能性があります。国税庁HPなどで掲載されている"○○のしおり"はイラスト入りで見やすくなっていますよ。

「自分が全部もらえるが、自分で全部支払う」という、ハイリスク・ハイリターンの個人事業主は、自分自身でアンテナを張り続け、絶えず知識をアップデートする必要があります。その一環として、本書『経費で落ちる領収書大全』を手に取り、そして読んでくださった皆様に、あらためて感謝申し上げます。手元に置き、必要なタイミングで必要なページを開き、使い倒してください。

皆様の「正しく漏れのない納税」、その結果として「節税」のお役に少しでも立ったとしたら、著者としてこれほどうれしいことはありません。

石渡晃子

著者

石渡晃子 いしわた・あきこ

よつば税理士法人社員税理士、株式会社よつばコンサルティング代表取締役、関東学院大学非常勤講師。2009年に税理士登録。現在は、飲食業界、小売業界、介護業界などさまざまなクライアントの業務をサポートしている。著書に『ゼロからスタート簿記入門』(共著／税務経理協会)。

スタッフ

ブックデザイン 小口翔平＋岩永香穂(tobufune)
本文イラスト 大野文彰
DTP 株式会社センターメディア
校正 株式会社鷗来堂
編集協力 高橋淳二(JET)
編集担当 森田 直(ナツメ出版企画株式会社)

経費で落ちる領収書大全
けい ひ　お　りょうしゅうしょたいぜん

2019年1月4日 初版発行
2020年1月20日 第5刷発行
著　者　石渡晃子 ©Ishiwata Akiko,2019
発行者　田村正隆

発行所　株式会社ナツメ社
　　　　東京都千代田区神田神保町1-52 ナツメ社ビル1F(〒101-0051)
　　　　電話 03(3291)1257(代表) FAX 03(3291)5761
　　　　振替 00130-1-58661
制作　　ナツメ出版企画株式会社
　　　　東京都千代田区神田神保町1-52 ナツメ社ビル3F(〒101-0051)
　　　　電話 03(3295)3921(代表)
印刷所　ラン印刷社

ISBN978-4-8163-6572-0
Printed in Japan